Maren Schneider

Der kleine buddhistische Krisenmanager

Vom Umgang mit Stress, Belastungen und alltäglichen Katastrophen

Besuchen Sie uns im Internet: www.droemer-knaur.de
Alle Titel aus dem Bereich MensSana finden Sie im Internet unter
www.knaur-mens-sana.de

Originalausgabe November 2009
Knaur Taschenbuch. Ein Unternehmen der Droemerschen Verlagsanstalt
Th. Knaur Nachf. GmbH & Co. KG, München
Alle Rechte vorbehalten. Das Werk darf – auch teilweise –
nur mit Genehmigung des Verlags wiedergegeben werden.
Redaktion: Ursula Richard
Umschlaggestaltung: ZERO Werbeagentur, München
Umschlagabbildung: FinePic®, München
Satz: Adobe InDesign im Verlag
Druck und Bindung: GGP Media GmbH, Pößneck
Printed in Germany
ISBN 978-3-426-87451-6

2 4 5 3 1

Inhalt

Vorwort 7
Einführung 11
Der Esel und die Möhre 14

Teil 1 – *Mit den Grundlagen vertraut werden*

Gelassen wie ein Buddha –
Buddhistisches Stress- und Krisenmanagement 21

Laufen oder Raufen –
Das Überlebensprogramm der Steinzeit 30

Ausstieg aus dem Hamsterrad –
durch Achtsamkeit und Meditation 45

Reif für die Insel –
Einführung in die Meditation 61

Ansichtssache –
Von der Kunst, nicht zu bewerten 77

Gib dem Affen keinen Zucker –
Umgang mit Gedanken und Grübelattacken 87

Einmal Hölle und zurück –
Vom heilsamen Umgang mit starken Gefühlen 98

Den Kern berühren –
durch Liebende Güte und Mitgefühl 108

Teil II – *Den Alltag gestalten*

Mit Katastrophen leben –
Vom Umgang mit alltäglichen Problemen 119

Die Quelle der Kraft –
Innere Ruhe und Gelassenheit finden 167

Praxis im Alltag –
Übungen für jeden Tag 176

Frieden schließen –
Die heilsame Kraft der Vergebung 192

Der Weg entsteht beim Gehen –
Schritte in die Freiheit 197

Anhang

Dank 201

Adressen 203

Literaturtipps 205

Vorwort

Vor gut zwölf Jahren arbeitete ich als Grafikerin in einer angesehenen kleinen Werbeagentur in der Düsseldorfer Altstadt, und mit meiner Karriere schien es stetig bergauf zu gehen. Mein Leben erschien mir spannend und bunt, doch unter der Oberfläche nagten an mir schon seit längerem Zweifel an der Sinnhaftigkeit vieler Dinge in meinem Leben und in meiner Umgebung. Ich beobachtete, wie meine Kollegen und Freunde sich Häuser und Autos kauften, wir uns die Nächte mit Arbeit und exzessiven Partys um die Ohren schlugen und wie schnell unsere tollen und wichtigen Ideen Schnee von gestern waren. Es wurden viele Überstunden gemacht, Unmengen von Kraftreserven aufgebraucht. Stress galt als chic. Mit dem Begriff *Work-Life-Balance* konnte damals noch keiner von uns etwas anfangen.
1997 veränderte sich auf einmal mein Leben entscheidend. Das Jahr begann mit einer Familientragödie, die mein Verständnis von den Fähigkeiten, Neigungen und Emotionen der Menschen vollkommen aus dem Gleichgewicht brachte. Diese Erfahrung gab mir einen tiefen Einblick in die Zerbrechlichkeit und Vergänglichkeit des Lebens.
Das Prägendste jedoch war, dass ich im Sommer 1997 einem Menschen begegnete, in den ich mich Hals über Kopf verliebte. Er war Buddhist. Unser erstes Treffen bestand darin, dass er mir das Meditieren beibrachte. Ich hatte mich schon seit meiner Kindheit für spirituelle Fragen interessiert und seit einiger Zeit versucht, dem Buddhismus und der Meditation auf die

Spur zu kommen. Jedoch verstand ich die Worte nicht wirklich, die ich in den Büchern las, welche ich mir zu diesem Thema gekauft hatte. Durch ihn bekam ich endlich einen Zugang zu diesem Bereich, erhielt Antworten auf meine Fragen und begab mich auf den buddhistischen Weg. Kurze Zeit später stellte mich das Leben erneut auf die Probe, denn mein neuer Freund, in den ich mich mittlerweile sehr verliebt hatte, erklärte mir freudestrahlend, dass er in ein buddhistisches Kloster in Frankreich eintreten werde, um an einem traditionellen Drei-Jahres-Retreat teilzunehmen und sein Leben der intensiven Praxis als buddhistischer Mönch zu widmen. Mein Herz zersprang in Stücke. So bestand meine erste Lektion auf dem neuen buddhistischen Weg im Loslassen. Wir lösten seine Wohnung auf, verschenkten seine Habseligkeiten, und er machte sich zwei Wochen später auf den Weg ins Kloster. Drei gemeinsame Freunde und ich folgten ihm, um ihn in sein neues Leben zu begleiten. Im Kloster begegnete ich dem tibetischen Meditationsmeister Gendün Rinpoche und meinen heutigen Lehrern, kam in einen sehr nahen Kontakt mit einer authentischen Übertragungslinie des tibetischen Buddhismus, traf viele Menschen, die den gleichen Weg gingen, und begann, mich ernsthaft in Meditation zu üben.

Dieses Erlebnis hat mein Leben vollkommen verändert. Wieder zurück in meinem nicht gerade klösterlich anmutenden Alltag in Deutschland glichen die darauffolgenden Jahre einer Waschmaschine im Schleudergang. Der Stress nahm zu, der Druck – äußerlich wie innerlich – erhöhte sich, meine Emotionen tanzten Cha-Cha-Cha, und ich fühlte mich wie in einem Schnellkochtopf. Ich tat mein Möglichstes, meditierte, ging zu buddhistischen Kursen und zog mich ab und zu ins Kloster zu einem Retreat (Meditationsklausur) zurück. Der Dharma (buddhistische Lehre) half mir, mit den Herausforderungen des Lebens besser umzugehen. Doch der Druck nahm immer weiter zu. Irgendwie schien das nicht mehr mein Leben zu sein, so wie ich es lebte. Ich packte meinen Rucksack und reiste auf Sinnsuche in den Himalaja, wanderte mit einer Gruppe am Fuße des Mount Everest und erlebte durch die Erfahrung der Höhenkrankheit, wie es ist, mit dem Leben abzuschließen und mit der Unmittelbarkeit und der Einsamkeit des nahen Todes vertraut zu werden. Ein Jahr später rasten zwei Flugzeuge in die Zwillingstürme des World Trade Centers und erinnerten auch die Welt wieder einmal an ihre Endlichkeit. Dieses Erlebnis ließ mich innehalten und mein Leben, so wie ich es lebte, gründlich in Frage stellen. Das war der Wendepunkt. Obwohl ich meditierte und versuchte, dem Buddha-Weg im Alltag zu folgen, förderte ich durch meine Arbeit als Werbegrafikerin die Konsumgüterindustrie und investierte unglaublich viel Kraft und Zeit in die Entwicklung eines der vergänglichsten Phänomene unserer Zeit: Werbung. Wollte ich das wirklich, oder gab es einen nutzbringenderen Weg? Ich spielte ernsthaft mit dem Gedanken, auch ins Kloster zu gehen und Nonne zu werden. Die Börse brach ein, viele Menschen verloren ihre Arbeit. Ich wurde mittels eines Aufhebungsvertrags in die Selbständigkeit katapultiert. Als ich im Sommer 2002 in Frankreich wieder das tibetische Kloster besuchte, hatte ich eine Begegnung mit dem 17. Gyalwa Karmapa, dem Oberhaupt der Karma-Kagyü-Linie des tibetischen Buddhismus. Er segnete während einer Zeremonie jeden Einzelnen der Anwesenden. Als er mir seinen Segen gab, war mir, als würde alles in mir in tausend Stücke zersplittern, zerbrechen und zerkrümeln, bis nichts mehr von mir übrig war. Das war mein Tod, und gleichzeitig war es meine Geburt. Ich erlebte einen klassischen Burn-out und durchschritt neun Monate das dunkle, tiefe Tal einer Erschöpfungsdepression, bis ich eines Tages nach einem Weinkrampf mit einer dampfenden Tasse Tee erschöpft auf der Terrasse in der Sonne stand und wusste, die dunkle Zeit war vorüber. Es war wie nach einer Gewitternacht, und im morgendlichen Licht glitzerten die Tropfen auf den Grashalmen, und alles sah frisch und neu aus. Ich fühlte mich wie wiedergeboren, ein Phönix aus der Asche. Ich kehrte der Werbung den Rücken, orientierte mich neu und arbeite seither als Coach, Therapeutin und Lehrerin für Stressbewältigung durch Achtsamkeit (MBSR).

Der Dharma hat mich in diesen ganzen Jahren gelehrt, besser mit den Höhen und Tiefen umzugehen, stabil im Brennpunkt zu bleiben, Vergänglichkeit zu akzeptieren, Schwierigkeiten und Herausforderungen als Lehrmeisterinnen zu sehen, die Dinge zu nehmen, wie sie sind, beharrlich und geduldig in der Praxis zu bleiben, der Weisheit und den Empfehlungen meiner Lehrer zu vertrauen und mich im freien Fall zu entspannen. Und zu guter Letzt, den Humor nicht zu verlieren.
Allerdings werde ich immer noch jeden Tag daran erinnert, wie weit das Feld der Erkenntnis ist und was ich alles noch auf diesem Weg zu lernen und zu entwickeln habe. Im gleichen Maße bin ich immer wieder entzückt und tief berührt von den Erfahrungen, die durch die Praxis des Buddha-Dharma möglich werden, erlebe erhebende Momente des Glücks, der Klarheit und Gelassenheit. Erfahre Zuversicht in Situationen, in denen ich früher normalerweise mit Angst, Panik oder starker Wut reagiert hätte. Ja, ich kann sagen, das Üben der Anweisungen des Buddha hat mein Leben verändert, es reicher, achtsamer, sinnvoller, entspannter, bunter und glücklicher gemacht und auf einer sehr relativen Ebene auch sicherer. Und das ist für jeden möglich und erreichbar! Wie das gelingen kann, möchte ich Ihnen in diesem Buch vorstellen.

Einführung

Fern von festgefügten Dogmen bieten die Lehre und die Erkenntnisse des Buddha gerade Menschen, die nicht einfach nur blind etwas glauben, sondern aktiv erfahren und überprüfen wollen, eine Möglichkeit, sich mit dem eigenen Leben und Erleben auseinanderzusetzen und alternative Wege zu Frieden, Erfüllung und im Umgang mit Stress und den Problemen und Krisen des Alltags zu finden. *Der kleine buddhistische Krisenmanager* ist geschrieben für Menschen wie Sie und mich. Er schöpft aus dem reichen Schatz der Lehren Buddhas und zeigt, wie man auf Basis der seit 2500 Jahren bestens erprobten Empfehlungen Buddhas lernen kann, mit den stressigen und belastenden Situationen des Lebens anders, heilsamer umzugehen.

Was ist buddhistisches Krisenmanagement?

Aus buddhistischer Sicht ist eine Krise eine Situation, in der wir massiv mit den bisher verdrängten Gegebenheiten der Unbeständigkeit und Unvollkommenheit unserer Welt konfrontiert werden. Das erleben wir möglicherweise als einen fundamentalen Kontroll- und Sicherheitsverlust, was große Angst und sogar Panik in uns auslösen kann. Buddhistisches Krisenmanagement bedeutet, mit den Gegebenheiten und Veränderungen unseres Lebens wirklich umgehen zu lernen und an ihnen zu wachsen und uns zu entwickeln.

Im buddhistischen Krisenmanagement befassen wir uns mit

den tatsächlichen Wurzeln unserer Krisen, wir bleiben nicht auf der Symptomebene. Wir erforschen, wie wir auf Situationen und Gegebenheiten reagieren, welche Gedankenmuster Leid und Probleme verstärken und welche geistige Haltung Situationen entschärft. Wir lernen, mit Gefühlen in angemessener Form umzugehen, Verantwortung für unser Leben und Handeln zu übernehmen und uns uns selbst und anderen gegenüber in Situationen zu öffnen, in denen wir uns normalerweise verschließen würden.

Zum Aufbau dieses Buches und wie Sie es lesen sollten

Dieses Buch versteht sich nicht als reines Ratgeberbuch. Vielmehr will es Ihre Selbstreflexion anregen und Sie inspirieren. Es will deutlich machen, dass und wie wir für die Gestaltung unseres Lebens selbst verantwortlich sind. Diese Selbstverantwortlichkeit für alles, was wir tun und erleben, ist ein ganz zentraler Punkt im buddhistischen Krisenmanagment. Wir werden uns also anschauen, woraus Probleme eigentlich bestehen, welche Prozesse dabei wirksam werden, welche Rolle unser Geist spielt und was wir tun können, um mit äußeren Umständen so umzugehen, dass Probleme und Krisen zu unserer Chance werden, unser Leben zu gestalten.

Es ist ratsam, die Kapitel in der vorgegebenen Reihenfolge zu lesen, da die Inhalte aufeinander aufbauen. So wird sich Ihnen das buddhistische Krisenmanagement Schritt für Schritt, Kapitel für Kapitel erschließen.

Das Buch gliedert sich in zwei Teile. Im ersten Teil machen wir uns mit den Grundlagen des Buddhismus und des buddhistischen Krisenmanagements vertraut und erfahren Wissenswertes über die Wirkungen von Stress in unserem Organismus und über die daraus folgenden Reaktionsweisen. Wir befassen uns mit den geistigen Wurzeln und den Entstehungsprozessen von Stress und Krisen und wie sie aufgelöst werden. Da Meditation ganz praktisch die Stressresistenz und die Fähigkeit, mit Krisen umzugehen, stärkt, folgt eine Einführung in diese wichtige buddhistische Übung.

Im zweiten Teil geht es mehr um die praktische Anwendung. Anhand einer Reihe von Beispielen aus alltäglichen Stress- und Krisensituationen werden erprobte Anregungen und buddhistische Handlungsempfehlungen, die zur Auflösung der Situationen beitragen, vorgestellt. Eine Reihe von alltagsbezogenen meditativen Übungen zeigt, wie das tägliche Leben achtsamer und stressfreier gestaltet und mehr Ruhe in den Alltag gebracht werden kann. Das Buch wird abgerundet durch eine Vergebungsmeditation, die Ihnen die Gelegenheit gibt, mit alten Situationen abzuschließen, Verletzungen zu heilen und sich dem Leben wieder freier und unbelasteter zu stellen.

Es ist empfehlenswert, sich in einem kleinen Notizbuch Gedanken zu den einzelnen Übungen, Fragen und Anregungen aufzuschreiben. So wird sich das Gelesene in Ihnen festigen und leichter in den Alltag integrieren lassen.

Wenn Sie sich nach der Lektüre dieses Buches tiefer mit dem buddhistischen Weg auseinandersetzen möchten, empfehle ich Ihnen, persönlichen Kontakt zu einem qualifizierten Lehrer, einer kompetenten Lehrerin zu suchen. Entsprechende Adressen finden Sie im Anhang dieses Buches.

Möge dieses Buch Sie inspirieren und Ihnen ein Licht im Dunkeln sein.

Maren Schneider
Düsseldorf, 11. September 2008

Der Esel und die Möhre

Da Sie sich aus dem riesigen Angebot an Büchern gerade für dieses Buch entschieden haben, vermute ich, dass Sie sich in einer vielleicht nicht ganz einfachen Lebenssituation befinden und sich darüber hinaus auch für die Lehren des Buddhismus öffnen möchten. Oder Sie haben ein gewisses Maß an Neugier und Interesse dafür, sich mit einem alternativen Problemlösungsansatz zu befassen, statt mit herkömmlichen Herangehensweisen, die wir häufig von wohlmeinenden Familienmitgliedern, unserem Partner oder von Freunden empfohlen bekommen.

Bevor Sie sich weiter mit diesem Buch befassen und es »frühstücken«, wie eine Freundin von mir gerne zum Verschlingen von Büchern sagt, möchte ich Sie bitten, sich ein wenig Zeit zu nehmen und in sich hineinzuhorchen. Was ist Ihre Motivation, sich mit buddhistischem Krisenmanagement zu befassen? Die unten zusammengestellten Fragen können Ihnen eine Orientierung dafür geben. Wenn wir uns nämlich über unsere Motive und Bedürfnisse klar werden, das Ziel definieren und die Landkarte studieren, können wir den für uns passenden und geeigneten Weg wählen
Einem Esel bindet man eine schöne, saftige Möhre vor die Nase, und er setzt sich in Bewegung, um diese leckere, knackige, saftige, orangerote Rübe zu erreichen. Das ist sein Ziel. Er will die Möhre und geht dafür über Berge und Täler. Was ist Ihre Möhre? Was lässt Sie tiefe Täler durchschreiten und

hohe Berge erklimmen? Die Dinge werden einfacher, wenn Sie eine Vision entwickeln, darüber, wo Sie hin möchten, was Sie erreichen wollen. Die Vision wird zu Ihrem Ziel, und aus diesem Ziel ergibt sich der Weg dorthin. Ist das Ziel für uns attraktiv und können wir es uns in allen Facetten vorstellen und es auch sinnlich wahrnehmen, dann entsteht in uns der Wunsch, es zu erreichen. So setzen wir uns gerne und mit Leichtigkeit in Bewegung. Auch eventuell auftauchende Hindernisse und Anstrengungen auf dem Weg lassen sich wesentlich leichter bewältigen. Machen Sie aber zwischendurch immer mal wieder auch Pause, genießen Sie den Augenblick, und schauen Sie ab und zu einmal zurück. Der Weg ist meist recht gut zu erkennen, und Sie können sehen, was Sie alles schon erlebt haben. Das lässt Sie deutlich erkennen, wo Sie jetzt stehen, was sich alles in Ihrer Lebenslandschaft verändert hat. Gehen Sie in Ihrem Tempo, im Einklang mit Ihrer Kraft, und gönnen Sie sich immer wieder eine Rast. Abenteuergeist, Neugier und Ausdauer helfen Ihnen auf dem Weg. Bemerken Sie es, wenn Sie auf altbekannte, ausgetretene Pfade geraten, die Ihnen keine Freude und neuen Erfahrungen mehr bereiten. Meistens kann man diese Wege recht gut erkennen. Es sind Wege, die von vielen Menschen begangen werden. Sie haben Namen wie »Das macht man halt so« – »Ich muss doch« – »Ich kann nicht anders« – »Was sollen denn die anderen denken«. Manchmal heißen sie auch »Gewohnheit«, »Schuldzuweisung« oder »Jammertal und Nörgelpfad«. Wenn Sie das bemerken, lösen Sie sich von diesen Pfaden, und wählen Sie einen neuen Weg. Der Weg des Buddha ist der Weg der Erkenntnis, der Weisheit und der Transformation. Es ist ein Weg der neuen Erfahrungen und des Loslassens von unheilsamen Denk- und Verhaltensmustern. So werden wirklich Heilung und Transformation möglich. Bahnen Sie sich also neue Wege, die Ihnen die Landschaft, in der Sie sich befinden, wirklich erschließen. So werden Sie neue Erfahrungen und Entdeckungen machen, die Ihnen sonst verborgen geblieben wären. Diese Wege werden Sie Weisheit, Mitgefühl, Kraft und Unabhängigkeit lehren, so dass Sie Schritt für Schritt Ihre Krisen hinter sich lassen können.

Übung

Schauen Sie sich die folgenden Fragen an, und versuchen Sie, für sich Antworten zu finden. Machen Sie sich dazu Notizen.

- Wie sieht gerade mein Leben aus? – Wie fühle ich mich im Moment?
- Was sind gerade meine größten Probleme, was ärgert mich, was stresst mich oder treibt mich um?
- Welche körperlichen oder seelischen Symptome bemerke ich an mir, z. B. Nervosität, Schlafstörungen, Unwohlsein, Schwindel, Bauchweh oder Verspannungen, Schmerzen im Rücken usw.?
- Wie soll es anders sein, was wünsche ich mir? Wie möchte ich mich stattdessen fühlen, was möchte ich sehen, hören, riechen, schmecken, erleben …?
- Was ist meine Motivation, mich mit buddhistischem Krisenmanagement zu befassen. Warum gerade Buddhismus, was erhoffe ich mir zu finden?
- Wie sieht meine Vision aus – meine Möhre?
  Was würde es für mein Leben ganz konkret bedeuten, wenn das, was mich so sehr quält, nervt, umtreibt, mir den Schlaf raubt, mich stresst, traurig oder wütend macht, wenn das alles nicht mehr da wäre? Wie würde ich mich fühlen? Was würde ich tun, sehen, hören? Wie würde ich arbeiten/leben? Woran

würden Außenstehende erkennen können, dass sich bei mir etwas verändert hat? Was würden sie an mir wahrnehmen können?
- Woran werde ich im Laufe der Zeit erkennen können, dass ich auf dem richtigen Weg bin?
- Woran werden ich erkennen können, dass ich mein Ziel erreicht habe?

Teil I
Mit den Grundlagen vertraut werden

Gelassen wie ein Buddha –
Buddhistisches Stress- und Krisenmanagement

Der Weg, den ich lehre, besteht darin, sich selbst zu lenken, den Geist zu schulen und das Verhalten zu ändern. Das ist der Weg zum Höchsten und zum Ende des Leidvollen.

BUDDHA SHAKYAMUNI

Stress und Krisen gehören zu unserem täglichen Leben – auch wenn wir denken, es müsste anders sein. Wir brauchen Krisen und Herausforderungen, um uns zu entwickeln. Oft haben mir Menschen berichtet, dass eine Krise, trotz der Anstrengungen, Schmerzen und Verluste, die damit einhergegangen sind, eine positive und wichtige Wendung in ihr Leben gebracht hat und sie seitdem bewusster, intensiver und meist glücklicher leben.

Vor einem Jahr ungefähr schrieb mir eine Frau, die einige Jahre ein kleines Café in der Nähe des World Trade Centers in New York betrieben hatte, dass sie zu jener Zeit ein extrem stressvolles Leben geführt habe. Sie arbeitete auch nachts und am Wochenende, hatte keine Minute für sich, und ihre Beziehung war die Hölle. Dazu kam, dass sie sich in New York schon lange nicht mehr wohl fühlte. Sie war vor Erschöpfung und Heimweh krank, fühlte sich innerlich wie tot, doch sie schaffte es nicht, einen Schlussstrich zu ziehen. Plötzlich wendete sich alles. Sie geriet in das Chaos des 11. Septembers 2001. Während sie fassungslos in die Trümmerwolken blickte, die sich an ihrem Café-Fenster vorbeiwälzten, erkannte sie, wie vergänglich das Leben ist. Es konnte von einem Moment auf den anderen vorbei sein! Daraufhin ließ sie ihr altes Leben, in dem sie sich mehr tot als lebendig fühlte, hinter sich, beendete die Beziehung, verkaufte ihr Café und kehrte zurück nach Deutschland. Obwohl das Erlebnis des 11. Septembers zutiefst schockierend war und sie einige Zeit zur Verarbeitung brauchte, gab es ihr den Mut und die Kraft, endlich längst überfällige Entscheidungen zu treffen und ihr Leben neu auszurichten. Heute erlebt sie sich um ein Vielfaches glücklicher, fühlt sich mit dem Leben in Kontakt, achtet auf ihr inneres Gleichgewicht und hilft Menschen, ihren eigenen Weg zu finden.

Es ist tatsächlich so: *Krise* bedeutet, an einem Wendepunkt angekommen zu sein, und bezeichnet die Zuspitzung einer Situation, kurz bevor sie sich verändert. In eine Krise geraten zu sein bedeutet also immer, dass unweigerliche Veränderungen anstehen, es also nicht wie bisher weitergehen kann. Das kann in einer Paarbeziehung genauso geschehen wie in der aktuellen Wirtschaft.
Eine Krise ist immer eine Konfrontation mit der unausweichlichen Tatsache der Vergänglichkeit. Es ist ein »Ent-Täuschungsprozess«, der uns mit der veränderlichen Natur der Welt in unmittelbaren Kontakt bringt.
In der Regel werden wir nicht gerne enttäuscht. Viel lieber versuchen wir, unsere ganz eigene Vorstellung von der Welt aufrechtzuerhalten. Dies ist allerdings nur sehr begrenzt möglich, und früher oder später müssen wir mit ansehen, dass unsere mühsam aufgebaute Illusion, unsere gemütliche Schein-

welt, sich in Wohlgefallen auflöst und wir trotz größter Anstrengung oder dem Versuch, die Augen davor zu verschließen, nichts dauerhaft erhalten können. Diese Zuspitzung der Situation und die anstehende Veränderung üben einen starken Druck auf uns aus. Das Leben scheint uns eine Pistole auf die Brust zu setzen, und wir kommen nicht umhin, uns mit manch unliebsamen, vielleicht gar verdrängten Tatsachen auseinanderzusetzen und längst fällige Entscheidungen zu treffen. Das Gefühl, in Stress zu geraten, ist eine symptomatische Begleiterscheinung dieses Prozesses, ausgelöst durch den Druck, der durch die Abwehr gegen die anstehende Veränderung entsteht. Wir empfinden die Situation als belastend (stressend), symptomatisch begleitet von einer Reihe unangenehmer Reaktionen wie Herzklopfen, Verspannungen, Verzweiflung, Wut oder Angst. Stress ist eine Anpassungsreaktion des Körpers an eine von uns als belastend empfundene Situation und macht sich in uns körperlich wie psychisch bemerkbar. Stress wird jedoch nicht nur durch Krisen ausgelöst. Die Auslöser sind vielfältig und können beispielsweise eine Überlastung durch Reiz- oder Anforderungsüberflutung, zu viel Arbeit, unvorhergesehene Ereignisse, aber auch körperliche Erkrankungen und Schmerzen sein, die uns aus unserem psychischen und körperlichen Gleichgewicht bringen.

Anstehende Veränderungen können starke Widerstände hervorrufen. Wer freut sich schon darüber, wenn der Arbeitsvertrag nicht mehr verlängert wird oder sich der Partner unerwartet von uns trennt. Die darauffolgenden Versuche, die Veränderung aufzuhalten, scheitern unweigerlich, denn: Alles in diesem Universum ändert sich ständig. Ob wir wollen oder nicht, Wandel gehört zum Leben. Doch selbst wenn wir der Tatsache Vergänglichkeit nickend zustimmen, klammern wir doch insgeheim das eine oder andere von dieser Tatsache aus.

Plötzlich passiert etwas Unerwartetes: Eine beständig geglaubte Facette unseres Lebens verändert sich, und wir hätten es nie für möglich gehalten, dass sie sich verändert. Nun wird es interessant. Wie gehen wir mit der Veränderung um? Reagieren wir mit Ablehnung, fühlen wir uns unter Druck gesetzt und gestresst, werden wir wütend, ängstlich oder depressiv? Oder heißen wir die Veränderung willkommen, sind begeistert und fühlen uns plötzlich wieder lebendig und wach? Ein Krisenmoment kann uns in großes Leid stürzen, wenn wir uns der Veränderlichkeit widersetzen, aber er kann auch unsere Chance sein, das Leben wieder bewusst wahrzunehmen und zu gestalten, wenn wir die anstehenden Veränderungen willkommen heißen und konstruktiv zu nutzen wissen. Was tun Sie, wenn Ihnen die Krise gerade keine schönen Empfindungen beschert, Sie sich stattdessen total gestresst fühlen und viel lieber unter Ihrer Bettdecke verkriechen möchten?

Der Buddhismus bietet uns einen effektiven Weg, mit unseren alltäglichen Krisen, den anstehenden Veränderungen und Stressmomenten des Tages gelassener umzugehen und Dauerstress zu vermeiden. Eine zentrale Frage auf diesem Weg ist: Was verstärkt Leid, und was löst es auf?

Grundlagen

Die Hauptwerkzeuge des buddhistischen Stress- und Krisenmanagements sind die Entwicklung von Achtsamkeit, die Übung der Meditation, die Kultivierung von liebender Güte und Mitgefühl und die Berücksichtigung der Gesetze von Ursache und Wirkung. Mit diesen Werkzeugen, auf die ich im Verlauf des Buches noch näher eingehen werde, möchte ich Sie im Folgenden etwas vertraut machen:

Achtsamkeit ist eine innere Haltung der Offenheit, Neutralität, Neugier und wachen Präsenz im jeweiligen Moment. Durch die Kultivierung der Achtsamkeit wird es uns möglich, mit unserem Leben und den Situationen in unverfälschten Kontakt zu kommen und Stress und Hektik zu reduzieren. Achtsamkeit ermöglicht es, dass wir uns in größtmöglicher Objektivität üben und immer wieder die Position eines wertneutralen Beobachters, einer wertneutralen Beobachterin einnehmen können. Nur wenn wir objektiv wahrnehmen, was sich gerade in unserem Leben, Denken und Fühlen ereignet, können wir stimmige Lösungen finden.

Meditation stärkt unsere Stressresistenz und Entspannungsfähigkeit und führt zu innerer Gelassenheit und geistiger Klarheit. Durch die Übung der Meditation erlangen wir über die Ausrichtung auf unseren Atem die Fähigkeit, auf unheilsame und destruktive Gedankenmuster Einfluss zu nehmen und unsere gedanklichen Aufschaukelungs- und Dramatisierungsprozesse zu unterbinden.

Liebende Güte und Mitgefühl zu kultivieren bedeutet, in unserem Alltag eine fürsorgliche, sanfte, aber auch weise Haltung zu entwickeln. Durch diese innere Haltung wird es uns möglich, für uns angemessen zu sorgen, den inneren Antreiber zu besänftigen und so Stress zu reduzieren sowie mit unserem Umfeld in einen heilsamen und nährenden Austausch zu treten.

Ursache und Wirkung zu berücksichtigen meint, Verantwortung für das eigene Wahrnehmen und Handeln und für die sich daraus ergebenden Konsequenzen zu übernehmen. Denn jeder Handlung folgt eine Resonanz, so wie ein Stein, der ins Wasser fällt, Wellen schlägt und über die Wellen auch anderes in Bewegung versetzt.

Buddhistisches Stress- und Krisenmanagement in unserem Leben anzuwenden bedeutet, sich mit Hilfe dieser Werkzeuge ganz praktisch mit den eigenen gedanklichen Prozessen, die hinter unserem Stress- und Krisenerleben stecken, konstruktiv auseinanderzusetzen, sich darin zu üben, Aufschaukelungs- und Dramatisierungsprozesse zu unterbrechen und sich mit der Wirklichkeit vertraut zu machen. Illusionen und falsche Vorstellungen werden nach und nach aufgedeckt und verworfen. Problemerzeugende Verhaltensweisen, die sich destruktiv auf uns und unser Umfeld auswirken, werden aufgegeben, und unsere Aktivität wird auf heilsames, förderliches Handeln und Denken gelenkt.

Auswirkungen

Zukünftige Krisen und sich aufbauende Stressmomente werden durch die Schulung in Achtsamkeit leichter erkannt und als Übungsobjekt zur Entwicklung von Achtsamkeit, Klarheit und einer heilsamen und fürsorglichen Lebensausrichtung genutzt. Das ganze Leben bekommt mehr Tiefe, und Stress und Krisen verlieren nach und nach ihre Schärfe und Bedrohlichkeit. Das wirkt sich wiederum sehr positiv auf unsere Gesundheit aus, so dass wir langfristig wesentlich entspannter, gelassener und damit auch gesünder durch unser Leben gehen.

Neurologische Hintergründe

Unser Denken beeinflusst unser Empfinden. Bewerten wir eine Situation als belastend oder gar bedrohlich, führt dies zur Ausschüttung von Stresshormonen, die wiederum zu emotionalen Reaktionen wie Wut und Angst sowie zu den typischen körperlichen Stresssymptomen führen. Grübeln und Dramatisierungsprozesse verstärken durch die fiktive Ausschmückung der Realität (aus der Mücke wird ein Elefant) die Ausschüttung der Stresshormone, da unser Organismus nicht zwischen Fiktion und Wirklichkeit unterscheidet. Der Körper reagiert also auf den imaginären Elefanten, anstatt auf die reale Mücke. Die Dramatisierung entfremdet uns der Wirklichkeit. Schaffen wir es allerdings, diese gedanklichen Aufschaukelungsprozesse zu erkennen und zu unterbrechen, bringt uns das der Wirklichkeit (Mücke) wieder näher und führt zu einer der realen Situation angemesseneren Hormonausschüttung. Die Stresshormonbelastung sinkt, und damit reduziert sich auch das gestresste Gefühl. Wird die Grübel- und Dramatisierungsgewohnheit beständig unterbrochen, bildet sich diese Gewohnheit zurück, so dass ein angemessener Realitätsbezug hergestellt wird und eine unnötige Hormonbelastung durch Aufschaukelungsprozesse vermieden wird.

Denkgewohnheiten prägen unser Handeln und unser Erleben der Wirklichkeit. Was ist aber eine Gewohnheit? Gewohnheiten sind Verknüpfungen in unserem Gehirn, die sich durch häufige Wiederholungen bestimmter Denk- oder Handlungsmuster bilden. Sie entstehen mit der Zeit aufgrund von Lernprozessen, beispielsweise durch Nachahmung (*»Das macht man halt so.«*) oder durch Erfahrung (*»Das hat schon mal zu Schwierigkeiten geführt.«*). Hinterfragen wir diese Muster nicht, bleiben wir in immer gleichen Denk- und Handlungsmustern gefangen. Dies führt zu immer gleichen Erfahrungen und Erlebnissen, die unser Erleben prägen.
Ihr Leben soll anders werden? Dann verändern Sie Ihre Gewohnheiten. Entscheiden Sie sich bewusst, neue Wege zu beschreiten! Dann entstehen mit wachsender Übung neue Verknüpfungen im Gehirn (ein neues Wegenetz), und nicht mehr genutzte Verknüpfungen bilden sich mit der Zeit zurück. Neue

Erfahrungen stellen sich ein und damit auch neue Wahrnehmungs-, Denk- und Lösungsprozesse.

Das buddhistische Stress- und Krisenmanagement zielt auf die Veränderung eingefahrener, leidvoller Gewohnheiten und unheilsamer Verhaltens- und Denkmuster ab. Es gibt uns die Möglichkeit, diese Muster zu erkennen, sich bewusst heilsamem Denken und Handeln zuzuwenden und das Leben aktiv zu gestalten. Dies ist erst einmal eine Übung, ein Training, ein neuer Weg, den es zu festigen gilt. Mit der Zeit der Übung wird sich daraus eine neue Gewohnheit bilden, die unsere Wahrnehmung der Welt und unser Handeln prägt.

Damit Sie sich selbst und Ihre Reaktionsweisen bei Stress und in Krisensituationen besser verstehen und erkennen können, wie Sie mit Hilfe der Achtsamkeit Ihr Stressempfinden beeinflussen und neue Wege beschreiten können, möchte ich im folgenden Kapitel das Phänomen Stress näher beschreiben.

Auf den Punkt gebracht:

- *Krise* bedeutet, an einem Wendepunkt angekommen zu sein, und bezeichnet die Zuspitzung einer Situation, kurz bevor sie sich verändert.
- Eine Krise bringt uns mit der veränderlichen Natur der Welt in unmittelbaren Kontakt.
- Das Gefühl, in Stress zu geraten, ist dabei eine symptomatische Begleiterscheinung.
- Außerhalb einer Krise hat Stress auch andere Ursachen wie beispielsweise Reiz- oder Anforderungsüberflutung, Überlastung durch zu viel Arbeit, unvorhergesehene Ereignisse, körperliche Erkrankungen und Schmerzen.

- Werkzeuge des buddhistischen Krisenmanagements sind: Achtsamkeit, Meditation, liebende Güte, Mitgefühl und Ursache und Wirkung.
- Buddhistisches Krisenmanagement besteht darin:
  + Aufschaukelungs- und Dramatisierungsprozesse zu unterbinden,
  + sich mit der Wirklichkeit vertraut zu machen,
  + Illusionen und falsche Vorstellungen aufzudecken und aufzugeben,
  + problemerzeugende Verhaltensweisen in heilsames, förderliches Handeln und Denken umzuwandeln.
- Denkgewohnheiten prägen unser Handeln und unser Erleben der Wirklichkeit.
- Gewohnheiten können durch Übung verändert werden.

Laufen oder Raufen –
Das Überlebensprogramm der Steinzeit

Durch die Praxis der Geschäftigkeit wird
Angespanntheit verwirklicht.

KHENPO CHÖDRAG RINPOCHE

Wenn es ein Wort gibt, das in den letzten Jahren verstärkt Bedeutung erlangt hat, dann ist es das Wort »Stress«. Es gibt wohl kaum jemanden, der nicht von diesem Phänomen betroffen ist. Jeder fühlt sich gestresst, selbst Kinder schon. Doch was ist Stress eigentlich?

Definition

Ursprünglich kommt das Wort aus der Werkstoffkunde und bezeichnet die Belastung, die auf ein Material einwirkt. Das Material wird gestresst, also einer Belastung ausgesetzt, der es entweder standhält oder die es zerstört. Stress bedeutet also nichts anderes als »unter Belastung« stehen. Diese Belastungen können vielfältiger Natur sein. Stress erfahren wir nicht nur auf den Beruf bezogen, sondern alles, was uns belasten kann, wie beispielsweise Krankheiten, Schmerzen, Lebenskrisen und Veränderungen, Umzüge, Trennungen, zu hohes Arbeitspensum oder auch Jobverlust, Doppel- und Mehrfachbelastungen

und vieles mehr, kann uns in Stress versetzen. Kennzeichnendes Merkmal von Stress ist, dass es ein vollkommen subjektiv empfundenes Gefühl ist. Es ist kein manifester Zustand, der bei jedem Menschen gleich ist. Jeder Mensch hat individuell unterschiedliche Voraussetzungen, körperlich wie geistig, die das eigene Stresserleben beeinflussen.
Wenn wir in unserem Alltag Stress erleben, fühlt sich das oft unangenehm, bedrohlich, aber manchmal auch aufregend und beflügelnd an. Doch was passiert in uns, wenn wir in Stress geraten?

Steinzeitmodus

Stress hat sehr viel mit unserem Überlebensprogramm aus der Steinzeit zu tun, welches der Sicherung unseres Überlebens und unserer Familie oder Sippe diente. Auch heute, im Informationszeitalter, sind wir manchmal noch im gleichen Modus wie zu Feuersteins Zeiten. Unser Hauptstressor von damals, der Säbelzahntiger, kreuzt auch heute regelmäßig unseren Weg, nur dass er heutzutage nicht selten Anzüge trägt und über ein eigenes Büro verfügt. Manchmal erleben wir Säbelzahntiger auch in Form einer geplatzten Einkaufstasche, von roten Ampeln oder aggressiven Autofahrern. Selbst ganz normale Menschen werden für uns zu ausgewachsenen Säbelzahntigern, wenn sie in unserer Mittagspause mit Engelsgeduld und großer Akribie ihr Kleingeld an der Supermarktkasse zusammensuchen, während wir hinter ihnen in einer meterlangen Warteschlange stehen, in zwei Minuten unsere Mittagspause vorbei ist und wir eh schon Kopfschmerzen, Hunger und schlechte Laune haben. Auch wenn es heute in den seltensten Fällen um unser pures Überleben geht (Unfälle, Gewalt und Katastrophen ausgenommen), reagieren wir noch genauso wie damals mit Angriff oder Flucht. Ich denke, jeder von uns kennt

Situationen, in denen wir unserem Gegenüber am liebsten an die Gurgel gegangen wären oder fluchtartig den Raum verlassen wollten. Das sind ganz natürliche Reaktionen, so ist unser Organismus programmiert, dem Programm *Laufen oder Raufen* folgend (siehe Wagner-Link).

Energiemanagement

Um uns verteidigen oder auch um weglaufen zu können, braucht unser Körper viel Energie. Unser Körper funktioniert in solchen Zeiten wie ein kleines Kraftwerk. Stresshormone leiten körpereigene Anpassungsprozesse ein und mobilisieren blitzschnell Energie. Die Durchblutung wird angeregt, die Herzschlagfrequenz erhöht, Blutgefäße verengen sich, und der Blutdruck steigt, unsere Muskulatur spannt sich an (nur gutgespannte Muskulatur ist zum Zuschlagen oder Weglaufen bereit), Zucker und Fettvorräte werden aus der Leber freigesetzt (leider nicht aus unseren Fettpölsterchen), und wir sind in Bruchteilen von Sekunden einsatzbereit. Vorherrschendes Hormon in diesem Prozess ist das Adrenalin. Durch zusätzliche Cortisolausschüttung bereitet sich unser Körper auf eventuelle Verwundungen vor, dadurch wird der Gerinnungsfaktor unseres Blutes erhöht, so dass sich eventuelle Wunden schneller schließen. Darüber hinaus wirkt Cortisol immunsuppressiv und entzündungshemmend, damit der Körper nicht durch eine eventuelle Entzündung der Wunde oder eine plötzlich auftretende Erkrankung an der Flucht gehindert werden kann. Für unsere heutige Zeit bedeutet es, dass wir in Stresszeiten nicht krank werden. Erst wenn wir uns wieder etwas entspannen, für gewöhnlich am Wochenende oder im Urlaub, erlaubt es sich unser Körper, krank zu werden, beispielsweise mit Wochenend-Migräne oder Feiertagserkältung.

Adrenalin

Adrenalin ist ein »Bewegungshormon« und versetzt uns in Bruchteilen von Sekunden in Aktivität, außerdem ist es für die Entwicklung von Wutgefühlen verantwortlich. Diese Wut ist dazu da, unsere natürliche Tötungshemmung herabzusetzen, so dass wir den Angreifer auch wirklich zur Strecke bringen. Darüber hinaus wirkt Adrenalin als Denkhemmer, denn wir sollten früher nicht lange überlegen, ob wir jetzt lieber die Keule, den Stein oder doch lieber den Speer nehmen sollten. Pure Reaktion war angesagt und keine zeitaufwendigen Denkprozesse. Das erklärt auch, warum wir in Stresszeiten wenig kreativ sind und uns in unserem Denken regelrecht blockiert fühlen, gerade wenn es um eine kreative Lösungsfindung geht. Und doch fällen wir Entscheidungen. Diese sind jedoch äußerst adrenalingeprägt und laufen nur nach dem Muster Angreifen oder Flüchten ab, wie zum Beispiel spontane Kündigungen oder das Verlassen des Partners. Diese spontanen Entscheidungen bereuen wir häufig schon am nächsten Morgen, wenn sich die Wogen wieder etwas geglättet haben. Bitte bedenken Sie: Adrenalinentscheidungen haben immer nur Notfallcharakter. Sie dienen lediglich dazu, unser Überleben in lebensbedrohlichen Situationen durch Angreifen oder Flüchten zu sichern. Adrenalin verzerrt unsere Wahrnehmung und hemmt unser klares Denken – dabei kann nichts Tragfähiges herauskommen. Sehr wahrscheinlich kennen Sie den weisen Rat, etwas zu überschlafen, da am nächsten Morgen die Situationen immer anders aussehen. Schlaf wirkt Wunder, weil Adrenalin im Schlaf wieder abgebaut wird. Damit ist unser Hirn am nächsten Morgen wieder einsatzfähig.
Da Adrenalin ein Bewegungshormon ist, wird es entsprechend auch über Bewegung wieder abgebaut. Also ist, neben dem Schlaf, Bewegung ebenfalls ein geeignetes Mittel, den Adre-

nalinspiegel zu senken, denn damit machen wir genau das, was der Körper von uns verlangt. Besonders geeignet sind alle Ausdauersportarten wie Joggen, Walken, Fahrradfahren, aber auch die berühmte Runde um den Block und das Treppenlaufen. Der Adrenalinspiegel senkt sich und unser Hirn kann wieder seine normale Arbeit aufnehmen.

Nebenwirkungen

Damals, zu Säbelzahntigers Zeiten, wurde diese ganze bereitgestellte körpereigene Energie in null Komma nichts durch den Sprint ins rettende Lager oder durch einen Kampf verbraucht. Und was machen wir heute im Computerzeitalter mit dieser ganzen uns zur Verfügung stehenden Energie? Meistens nichts. In der Regel ist es so, dass wir, wenn wir in Stress geraten – uns z. B. sehr über jemanden ärgern –, den restlichen Tag krampfhaft versuchen, die Contenance zu wahren und uns bloß nichts anmerken zu lassen. Die natürlichen Angriffs- oder Fluchttendenzen unter Kontrolle zu halten kostet uns jedoch immens viel Kraft, so dass wir am Abend meistens vollkommen erschöpft sind. In dem Bemühen, uns gesellschaftskonform zu verhalten und weder unser Gegenüber tätlich anzugreifen noch fluchtartig den Ort des Geschehens zu verlassen, machen wir die berühmte Faust in der Tasche, beißen die Zähne zusammen (sehr zur Freude unseres Zahnarztes) und setzen ein Lächeln auf. Doch hinter dieser Fassade brodelt es weiter. Die Impulse und Energien wirken weiter in uns, da die Situation für unseren Organismus nicht aufgelöst wurde. Die Adrenalinkonzentration bleibt durch die ausbleibende Abreaktion weiter erhöht, und unsere Muskulatur verspannt sich in Erwartung der Flucht oder des Angriffs langsam zu steinharten Briketts. Wir kämpfen mit Kopfschmerzen, Verspannungen, erhöhten Cholesterinwerten und hohem Blutdruck und verfangen uns in immer schneller kreisenden Gedanken darüber, was wir alles hätten tun und sagen sollen usw. Dieser mentale Aufschaukelungsprozess bewirkt, dass unser Körper mit weiterer Hormonausschüttung reagiert und wir uns so immer stärker unter Stress fühlen. Die Stresssymptome wie Herzrasen, Blutdruckanstieg und Verkrampfungen werden massiver und unser Organismus reagiert unter Umständen sogar mit Angst, da die Situation als unlösbar eingestuft wird und unser Organismus das starke Signal gibt, sich schnellstmöglich in Sicherheit zu bringen. Panik entsteht.

Erlebt der Organismus keine Auflösung der bedrohlichen Situation und eine damit einhergehende Entspannung und Erholung durch einen abgesenkten Stresshormonspiegel – befindet er sich über Wochen, vielleicht sogar Monate oder gar Jahre in einem dauerhaften Alarmzustand –, erhöht dies das Risiko von Herz-Kreislauf- und Tumorerkrankungen und kann zu starken Beschwerden wie Schmerzsyndromen, wiederkehrenden Infekten, Burn-out-Prozessen, Depressionen, Angst- und Panikstörungen führen. Dauerstress ist aufgrund seiner schädigenden Auswirkungen auf unseren Organismus und der daraus entstehenden schweren Folgeerkrankungen langfristig tödlich.

Ausnahmezustand

Vielleicht haben Sie aber auch schon einmal in besonderen Stresssituationen Bekanntschaft mit einem recht euphorischen Gefühl gemacht und der damit einhergehenden Überzeugung, ab jetzt alles erreichen zu können. Dieses Gefühl wird durch die Ausschüttung von Endorphinen hervorgerufen, einem körpereigenen Opiat. Es setzt ein Notfallprogramm in Gang, wenn wir Schmerzen haben oder kurz vor der totalen Erschöpfung stehen. Ausdauersportler kennen dieses euphorische Gefühl unter dem Begriff »Runner's High«. Es ist der Ausnahme-Turboschub, wenn wir an unsere körperliche Leistungsgrenze kommen. Endorphine können lebensrettend sein. Früher waren sie in Fluchtsituationen vor dem Säbelzahntiger entscheidend, wenn sich Erschöpfung, Seitenstiche und Muskelkrämpfe bemerkbar machten oder wir bereits Verwundungen erlitten hatten. Der Körper verlangte nach einer Pause oder war gar so erschöpft, dass wir die Flucht nicht hätten fortsetzen können. Doch das hätte den sicheren Tod bedeutet. Also schüttete der Körper, zusätzlich zum Adrenalin, eine gehörige Portion Endorphine ins Blut, die Schmerzen und die Erschöpfung verschwanden und es war uns möglich, das rettende Lager zu erreichen. Wichtig zu wissen: Werden Endorphine ausgeschüttet, haben wir nicht mehr viel Energie, wir laufen auf »Reserve«. Ist die Situation vorbei, sind in der Regel alle Reserven aufgebraucht, und nicht selten bricht man danach vollkommen erschöpft zusammen.

Eine gehörige Fehleinschätzung der tatsächlichen Situation gehört mit zu den Auswirkungen von Endorphinen, schließlich ist es eine halluzinogene Droge. Diese Fehleinschätzung schlägt sich in der Überschätzung der eigenen Kräfte (»*Ich kann alles!*«) und der Unterschätzung der drohenden Gefahren (»*Das ist doch ganz einfach!*«) nieder. Praktisch ergeben sich daraus vermehrte Fehler in Arbeitsprozessen. Manchmal werden aufgrund dieser Überschätzung der eigenen Kompetenzen, Kräfte und Fähigkeiten ganze Projekte gegen die Wand gefahren. Man selbst ist allerdings dann meist nicht in der Lage, dies objektiv zu beurteilen. Nur das Umfeld nimmt diese destruktiven Prozesse klar wahr. Rettendes Eingreifen vonseiten der Kollegen oder Vorgesetzten wird jedoch in solchen Situationen oft als Angriff fehlgedeutet, denn unter dem Einfluss von Endorphinen sieht man sich selbst als fehlerfreier »Supermann« bzw. »Superfrau«, der Rest der Kollegen hat einfach keine Ahnung. Bei manchen Menschen tauchen auch größenwahnsinnige Gedanken und vollkommen wirklichkeitsfremde Überzeugungen auf, die bei anderen naturgemäß auf Widerstand oder Unverständnis stoßen.

Sollten Sie nun gerade spontan an einen Freund, eine Kollegin, Ihren Chef oder eine Mitarbeiterin denken, der oder die dieses Verhalten an den Tag legt, wissen Sie jetzt, was mit ihm oder ihr los ist. Er oder sie läuft komplett am Limit und steht kurz vor dem Zusammenbruch. Organisieren Sie, so schnell es geht, eine Entlastung.

Manche meinen fälschlicherweise, dass diese Endorphinausschüttung den sogenannten positiven Stress bewirkt. Wir sollten uns einmal genauer anschauen, was es mit diesem Mythos des positiven und negativen Stresses auf sich hat.

Positive und negative Stressmuster

Ich möchte die üblichen Begriffe »positiver Stress« und »negativer Stress« im Folgenden auch mit den Begriffen *heilsam* und *unheilsam* oder auch *gesund* und *schädlich* verwenden. Das sogenannte positive Stressmuster ist ein heilsames Kurzzeitprogramm, das unser Leben schützt und unseren Organismus gesund hält. Das Langzeitprogramm hat im Gegensatz dazu eher destruktive Auswirkungen auf unser Leben und wirkt sich langfristig auf unseren gesamten Organismus schädigend aus. Manchmal sogar so weit, dass wir daran sterben können. Dieses Programm ist also unheilsam, schädlich. Diese extrem lang andauernden Stresssituationen, wie sie heute gang und gäbe sind und gesellschaftlich schon als normal angesehen werden, hat die Natur so nicht mit eingeplant.

Was bedeuten diese beiden Stressmuster im Detail? Täglich sind wir mit einer Vielzahl wechselnder großer und kleiner Anforderungen konfrontiert. Manchmal sind sie kniffelig, machen uns vielleicht Angst, oder wir reagieren auf sie relativ neutral, da sie uns nicht besonders berühren, wir uns aber trotzdem um sie kümmern müssen. Es liegt an uns, wie wir diese Anforderungen bewerten und wie wir dann damit umgehen.

Positiver Stress: Bei sogenanntem positivem Stress bewerten wir die auf uns einströmenden Anforderungen als herausfordernd, anregend, stimulierend, und wir wissen, dass wir den Anforderungen gerecht werden können. Wir haben die Kontrolle über die Ereignisse oder erlangen sie zumindest nach einer Schrecksekunde durch einen kurzen Anpassungsprozess. Dies sind meistens Tage, in denen wir viel leisten, sehr konzentriert sind, Freude daran haben, die kniffeligen, uns herausfordernden Aufgaben zu lösen, und am Abend zufrieden und müde auf die Couch sinken, in dem guten Gefühl, heute Großartiges geleistet zu haben. Würden wir es grafisch darstellen, wäre der Tag eine Aneinanderreihung von auf- und wieder absteigenden Kurven. Jeder Anstieg würde eine Anforderung und einen damit einhergehenden Anstieg des Adrenalins bedeuten und jeder darauffolgende Abstieg der Kurve die Bewältigung der Anforderung und das damit einhergehende Absinken des Adrenalins, gefolgt von der eintretenden Entspannung. Das ist der sogenannte positive Stress, oder auch das »Normalstress-Muster« genannt. Dieses Muster wirkt belebend und hält unseren Organismus gesund und funktionsfähig. Positiver Stress ist also heilsam. Warum? So wie alles auf dieser Erde Polaritäten hat, ist für unseren Organismus ein abwechselnder Rhythmus von Anspannung und Entspannung, also Belastung und Entlastung, wichtig und gesund. Nach jeder Anforderung sollte eine Pause folgen, und auf jede Pause wieder eine Anforderung. In diesen Wellen steigt und sinkt jeweils auch unser Adrenalinspiegel. Bei einer Anforderung steigt er, der Körper mobilisiert Energie, und über die Bewältigung der Anforderung wird die bereitgestellte Energie aufgebraucht, der Adrenalinspiegel sinkt wieder. Die Situation wurde gemeistert, der Organismus registriert dies als Entwarnung und reagiert mit Entspannung und Wohlgefühl. Wenn wir unsere Anforderungen gemeistert haben, erleben wir unsere Welt als stimmig, uns selbst als kraftvoll und handlungsfähig, was uns auch ein Gefühl von Sicherheit in unserem Leben vermittelt. Wir sind ausgeglichen und können unsere Ruhephasen genießen.

Negativer Stress, das sogenannte »Belastungsstress-Muster«, ist das genaue Gegenteil davon. Er würde grafisch einer kontinuierlich ansteigenden Geraden gleichen, höchstens unterbrochen durch gelegentliche Plateaus, in denen kurzfristig die Anforderung und die Adrenalinkonzentration stagnieren, bis sich die Anforderungen weiter steigern und die Kurve erneut ansteigt. Am Ende steht nur noch der jähe Absturz, da alle Kraftreserven aufgebraucht wurden. Es ist das Erlebnis von permanenter, extremer Belastung, einhergehend mit Kontrollverlust und Hilflosigkeit. Ein Absinken des Adrenalinspiegels gibt es nicht, vielmehr eine stetige Zuspitzung der Situation. Damit fehlt jede Erholungsmöglichkeit. Wir stehen mit dem Rücken zur Wand und wissen keinen Ausweg mehr. In der Regel wachsen uns die Anforderungen über den Kopf, und wir haben das Gefühl, der Situation nicht gewachsen zu sein. Diese Form des Stresses wird begleitet von einer Fülle negativer Gedanken und Gefühle, einhergehend mit Erschöpfung, Hoffnungslosigkeit und Angst, die sich bis zur Panik steigern kann. Wir fühlen uns wütend und/oder verzweifelt, wehr-, schutz- und hilflos. Alles, was wir tun, scheint sich zu verselbständigen, wir haben keinen Einfluss darauf. Es ist, als würden wir permanent gegen eine Wand laufen oder trotz größter Anstrengung nicht von der Stelle kommen. Wenn wir an solchen Tagen abends zu Hause zur Ruhe kommen möchten, lassen uns die Bilder des Tages und die Sorgen über die Zukunft kaum oder gar nicht mehr los. Unsere Nerven sind bis zum Zerreißen gespannt. Selbst wenn wir uns entspannen möchten und eine bleierne Müdigkeit spüren, sind Entspannung und Ruhe nicht möglich – Adrenalin rauscht durch unsere Adern, und unser Körper ist verspannt und schmerzt. Die Nacht bringt uns keine Erholung. Entweder wir wälzen uns, von Gedanken getrieben, von einer Seite zur anderen, oder der Schlaf ist schwer mit düsteren Träumen. Wachen wir morgens auf, fühlt sich unser Körper wie geprügelt an. Er verharrt in Alarmbereitschaft und schüttet weiter Stresshormone aus, da die Situation nicht bewältigt wurde, und dies verhindert die so sehr benötigte Entspannung. Die permanente Anspannung beeinträchtigt langsam, aber sicher alle Bereiche unseres Lebens, was wir wiederum als Stress empfinden. Ein Teufelskreis kommt in Gang.

Der Wechsel ist entscheidend

Auch wenn der Traum vieler Menschen eine Art Dauerentspannung ist, es wäre unrealistisch, ein vollkommen belastungsfreies Leben anzustreben. Das würde uns weder gelingen, noch würden wir uns damit auf Dauer wohl fühlen. Dauerentspannung wirkt sich, genauso wie Dauerstress, auf unseren Organismus gesundheitsschädlich aus und wird dann auch als belastend empfunden. Vielleicht haben Sie schon einmal vom *Bore-out-Syndrom* gehört. Der Volksmund kennt es unter »*sich zu Tode langweilen*«. Im Kleinen haben wir es sicher alle bestimmt schon einmal erlebt, wenn wir ein ganzes Wochenende nur auf der Couch gelegen und uns kaum bewegt haben. Der Kreislauf und die Stimmung sind im Keller, Kopfschmerzen machen sich bemerkbar, und unser Geist fühlt sich dumpf an.

Eine kleine körperliche Anforderung, wie beispielsweise eine Runde um den Block zu drehen, wirkt hier Wunder. Der Kreislauf wird sanft angeregt, die Muskulatur geschmeidig, und Blut und Sauerstoff werden in unser Hirn gepumpt. Wir brauchen einen regelmäßigen Wechsel von Anspannung und Entspannung, Anforderung und Erholung, Schlafen und Wachen, Arbeit und Freizeit. Vergessen wir die Ruhezeiten in unserem Leben, werden wir krank. Vermeiden wir allerdings auch die kleinen und großen Anstrengungen in unserem Leben, werden wir auch krank.

Stress ist eine Bewertungssache

Stress, Belastungen und Krisen sind jedoch keine manifesten Zustände, auf die wir keinen Einfluss haben. Ob eine Situation als stressend empfunden wird, liegt in der subjektiven Bewertung jedes Einzelnen. Stress ist etwas sehr Individuelles. So ist das Maß der empfundenen Belastung immer abhängig von der jeweiligen eigenen Bewertung, der körperlichen und geistigen Konstitution und der im Laufe des Lebens erlernten Fähigkeit, mit Herausforderungen umzugehen. Und so reagieren Menschen, wenn sie gemeinsam in ein und derselben Situation sind, vollkommen unterschiedlich.

Stressauslöser: Gedanken

Haben Sie schon einmal beobachtet, was bei Ihnen Stress auslöst? In diesem Zusammenhang spricht man von den sogenannten Stressoren. Mit Stressoren sind in der Regel äußere Gegebenheiten gemeint, die bei uns Stress auslösen. Das kann beispielsweise ein Stau sein, zu viel Arbeit, Lärm, veränderte Lebenssituationen, Krankheiten oder Schmerzen. Schauen wir allerdings genauer hin, können wir erkennen, dass es nicht die

Gegebenheit an sich ist, sondern das, was wir gedanklich daraus machen. Manchmal setzen wir Dramatisierungsprozesse in Gang, in denen wir uns alle Möglichkeiten ausmalen, wie etwas schiefgehen kann, wir machen uns schon mal prophylaktisch Sorgen, führen imaginäre Dispute mit nicht anwesenden Personen und planen weit voraus, um für alle Situationen vorbereitet zu sein.

Dadurch kann das vielleicht Problematische einer Situation um ein Vielfaches für uns anwachsen, so dass es für uns bedrohlich wird. Wir verlieren das Gespür für die tatsächliche Situation. Unser Körper reagiert auf das Drama im Kopf und die vermeintlich bedrohliche Situation mit lebensrettenden Anpassungsprozessen durch Adrenalin- und Cortisolausschüttung, um uns vor der Bedrohung in Sicherheit zu bringen. Die Hormone lösen starke emotionale Reaktionen aus, blockieren unser klares Denken und führen zu nicht immer stimmigen Reaktionen und Lösungsversuchen, welche die Situation nicht selten verschlimmern. Das wiederum führt zu weiteren Problemen, Krisen und Stresssituationen und erneuten Stresshormonausschüttungen. Wir sitzen in der Falle, denn ein unguter Kreislauf ist in Gang gekommen. Es ist wichtig, diesen Kreislauf zu unterbrechen bzw. ihn gar nicht erst in Gang kommen zu lassen. Und hier kommen Achtsamkeit und Meditation, zentralen Pfeilern des buddhistischen Krisenmanagements, eine wichtige Bedeutung zu.

Achtsamkeit

Die urbuddhistische Technik der Achtsamkeit bietet eine langfristig wirksame, heilsame und wirklich gesunde Alternative, mit den Dingen umzugehen und die wahren Ursachen für unser Krisen- und Stresserleben zu beheben oder am Anfang zumindest zu minimieren.

Die Achtsamkeit schult unsere Fähigkeit, im Moment zu bleiben, und schützt uns davor, uns selbst und den jeweiligen Moment zu verlieren. Sie hilft uns, im Kontakt mit der Wirklichkeit zu bleiben und wahrzunehmen, was passiert. Wir setzen unseren eigenen Dramatisierungsprozess nicht mehr fort, sondern unterbrechen ihn und verstricken uns nicht mehr in all unsere Gedankenketten, Selbstgespräche, Sorgen und Ängste. Mit dem »Entdramatisieren« reduziert sich auch unser Leid.

Durch die Achtsamkeit kommen wir wieder in Kontakt mit dem Moment und können zu unserer eigenen Gestaltungsfähigkeit der Dinge zurückfinden. Wir können durch die Achtsamkeit lernen, nicht mehr nur einfach blind auf die Anforderungen des Lebens zu reagieren, sondern bewusst zu agieren, und damit unser (Er-)Leben wieder in die eigenen Hände zu nehmen. Auf die Stressverschärfer Dramatisierung, Grübeln und Selbstgespräche lassen wir uns nach und nach immer weniger ein. Das wirkt sich positiv auf unseren Adrenalinspiegel aus, und wir werden nicht mehr so leicht auf Anforderungen mit Panik reagieren. Wir bewahren ganz natürlich einen kühlen Kopf, bleiben handlungsfähig, finden adäquate Lösungen und erleben uns selbst und unseren Alltag grundsätzlich entspannter und sicherer.

Im folgenden Kapitel geht es um diese wichtigen Werkzeuge des buddhistischen Stress- und Krisenmanagements: Achtsamkeit und Meditation. Sie ergänzen sich gegenseitig und helfen, Stress und Dramatisierungsprozesse zu erkennen, aufzulösen und geistige Stabilität zu erlangen. Das senkt die Hormonbelastung, schont langfristig die Gesundheit und lässt uns weniger Stress erleben.

Auf den Punkt gebracht:

- Stress ist das steinzeitliche Überlebensprogramm »Laufen oder Raufen«.
- Stress wird individuell sehr unterschiedlich wahrgenommen, abhängig von der eigenen Bewertung und von gedanklichen Aufschaukelungsprozessen.
- Positiver Stress: Kurzzeitprogramm = lebensrettend = gesund
- Negativer Stress: Langzeitprogramm = tödlich = ungesund
- Stresshormone lösen Anpassungsprozesse aus wie: Energiebereitstellung, Durchblutungssteigerung, Muskelspannung und Emotionen (Aggressivität, Angst).
  Adrenalin/Endorphin ist der Notfall-Turbo (lebensrettend).
- Entscheidungen unter Stress sind nur auf Angriff oder Flucht ausgerichtet.
- Wir brauchen einen steten Wechsel von Anspannung und Entspannung, um gesund zu bleiben und uns wohl zu fühlen.
- Achtsamkeit wirkt stresslösend: sie schafft ein Bewusstsein für das, was im Inneren und Äußeren geschieht, stärkt die Fähigkeit, im Kontakt mit dem Moment zu bleiben, und unterbindet Dramatisierungsprozesse.

Ausstieg aus dem Hamsterrad – durch Achtsamkeit und Meditation

Wenn wir in der Ungewissheit verweilen können, dann lernen wir, uns mitten im Chaos zu entspannen.

PEMA CHÖDRÖN

Irgendwann ist das Maß voll, und es braucht nur noch eine Kleinigkeit, ein falsch betontes Wort, ein heruntergefallenes Glas und uns platzt der Kragen. Alle Strategien, Selbsttäuschungsmanöver und unser poliertes Selbstbild brechen zusammen. Es gelingt uns einfach nicht mehr, unser Umfeld, unser Leben, unsere Situation und die Umstände, in denen wir uns befinden, zu unseren Gunsten zu manipulieren, und wir kommen in Verbindung mit dem nackten, unmittelbaren Sein im Moment. In Kontakt mit dem JETZT in all seinen Ausprägungen. Das ist der Moment, in dem es wirklich interessant wird. Das ist der Moment, in dem wir die Möglichkeit in den Schoß gelegt bekommen, uns zu entwickeln und die Situation für diesen Entwicklungsprozess zu nutzen.

Dieses Hineinfallen in den Moment macht uns mit der Wirklichkeit vertraut. Doch dies können wir nur wahrnehmen und bemerken, wenn wir achtsam sind, und nur dann kann unser Krisenmanagement funktionieren.

Achtsamkeit

Achtsamkeit lädt uns ein, mit all unseren Sinnen im jeweiligen Augenblick ganz wach und präsent zu sein, mit allem, was gerade in unserem Leben passiert. Achtsam zu sein bedeutet, die uns innewohnende Fähigkeit zu entwickeln, unsere Verhaltens- und Denkmuster, Neigungen, Geistesaktivitäten und Reaktionen auf Situationen, Menschen und Dinge präzise wahrzunehmen. Durch Achtsamkeit erkennen wir, was wir tun und warum wir es tun. Erst wenn wir wissen, was los ist, können wir adäquat auf eine Situation eingehen und erkennen, was gebraucht wird. Achtsamkeit bedeutet absolute Präsenz im jeweiligen Moment. Sie ist eine vollkommen wertneutrale, offene Haltung den Dingen gegenüber, bei der wir wie ein Beobachter alles, was geschieht, wertneutral registrieren, ohne manipulierend einzugreifen. Diese Haltung ist geprägt durch die Neugier eines Kindes und den Forschergeist eines Anfängers, die Geduld und offene Akzeptanz eines Weisen sowie durch die Eigenschaft, an nichts haften zu bleiben – wie eine Teflonoberfläche. Gehen wir mit einer Haltung der Achtsamkeit an die Dinge heran, hören wir auf, alles in Schubladen einzuteilen, sondern machen uns mit der jeweiligen Gegebenheit in all ihren Ausprägungen vertraut.

Ausweichmanöver

Viele unserer Aktivitäten sind nichts anderes als Scheinaktivitäten, mit denen wir unsere Gefühle kompensieren und die wir nutzen, um vor der wirklichen Berührung des Momentes wegzulaufen. Manche Menschen reagieren in Stresszeiten mit verstärktem Aktionismus. Diese Reaktion entspringt dem Bedürfnis nach Kontrolle. Stress ist Kontrollverlust und geht mit Gefühlen von Wut, Angst und Hilflosigkeit einher, dem Gefühl, eine Situation nicht beeinflussen zu können, und einer daraus resultierenden tiefen Unsicherheit. Um das Gefühl der Kontrolle wiederzuerlangen, führen wir Tätigkeiten aus, die uns dieses Gefühl vermitteln können. Putzen und Aufräumen beispielsweise geben vielen Menschen das Gefühl von Sicherheit und Kontrolle. Doch diese Tätigkeiten sind nichts anderes als eine Kompensierung des eigentlichen Problemerlebens. Die wirkliche Ursache unseres Stresserlebens wird mit Putzen und Aufräumen nicht aufgelöst. Das Fatale an kompensatorischen Aktivitäten ist, dass wir uns dadurch der Möglichkeit berauben, uns der Situation wirklich zu stellen. Wir laufen vor ihr weg. Wir halten uns beschäftigt, denn sonst könnten ja Gedanken, Erinnerungen oder Bilder auftauchen, die wir nicht wollen, oder wir wären damit konfrontiert, eine Lösung finden zu müssen und eine Entscheidung zu fällen. Das empfinden wir möglicherweise als unangenehm, vielleicht auch, weil die sich daraus ergebenden Konsequenzen nicht besonders verlockend erscheinen, und schieben es darum vor uns her. Die ungelöste Situation belastet uns dabei unterschwellig immer weiter und erschwert uns unseren Alltag.

Vielleicht haben Sie in Ihrem Umfeld schon einmal Menschen erlebt, die in übersteigerten Aktionismus verfallen, wenn sie berufliche oder private Probleme haben. Sie sind permanent auf Achse, treiben unglaublich viel Sport und sind auf jedem Event der Stadt anzutreffen. Sollten sie doch mal zu Hause sein, läuft der Fernseher, und die beste Freundin muss für Marathontelefonate herhalten, damit bloß kein Moment der Stille einkehrt, in der sich die Dinge, um die es wirklich geht, zeigen könnten. Bei privaten Problemen entwickelt sich nicht selten eine Arbeitssucht. Damit wird das private Defizit durch berufliche Erfolgserlebnisse und das Gefühl der Unentbehrlichkeit kompensiert, und die Auseinandersetzung mit dem Problem, das zu Hause auf einen wartet, wird vermieden. Doch auch die

Arbeitssucht fordert früher oder später ihren Tribut, denn der Organismus wird durch den erhöhten Arbeitseinsatz stark in Mitleidenschaft gezogen und reagiert mit Erschöpfungssyndromen. Damit ergeben sich, zusätzlich zu den privaten Problemen, neue Problemfelder im beruflichen und gesundheitlichen Bereich, so dass das Leben langsam auf allen Ebenen aus den Fugen zu geraten droht.

Frieden schließen

Mit wachsender Achtsamkeit können wir lernen, innezuhalten und mit dem, was in unserem Leben los ist, Frieden zu schließen, statt davor wegzulaufen. Innehaltend beginnen wir, uns den Dingen konstruktiv zu stellen und den Schwierigkeiten ins Gesicht zu schauen. Es ist erlösend, sich dem, was uns umtreibt, zur Weißglut bringt oder uns in Panik versetzt, zu stellen. Denn Probleme halten uns so lange unter Anspannung, bis wir uns ihnen widmen.
Innezuhalten bedeutet, einen sehr unmittelbaren Kontakt zum jeweiligen Moment aufzunehmen und ihn so anzunehmen, wie er ist. Das erfordert ziemlich viel Mut, denn dies bringt uns in Kontakt mit dem, was wir häufig als unangenehm oder gar quälend empfinden. Diese Herangehensweise führt uns jedoch letztlich wesentlich weiter als Kompensation. Kompensation ist nur ein Aufschub, keine Lösung. Wenn wir nichts wirklich Adäquates tun können, kann Innehalten alleine manchmal die wirkungsvollste Tätigkeit sein. Achtsamkeit bedeutet: *sein mit dem, was ist*. Es ist ein Zustand der absoluten Unmittelbarkeit, der absoluten Aufmerksamkeit und Wachheit, jedoch ohne Bewertung, ohne jegliches Festhalten oder Ablehnen der Situation. Achtsam zu sein bedeutet, absolut offen für alles zu sein. Es ist ein klarer, fließender Zustand, der nichts verfestigt, in dem alles so sein darf, wie es ist, ohne etwas hinzuzufügen

oder wegzunehmen. Hierin können wir sehen, wie wir Probleme kreieren und sie durch Anhaftung oder unsere Tendenz, mit Widerstand auf die Dinge zu reagieren, in Gang halten und dramatisieren. Wenn wir die Abläufe mit dem präzisen Werkzeug der Achtsamkeit erforschen, erkennen wir auch, wie und wo wir intervenieren können. Auf der Basis dieser Erkenntnisse können wir klare Entscheidungen fällen, die unser weiteres Erleben in Bezug auf unser Umfeld und unsere Probleme beeinflussen. Die Entscheidung liegt bei uns, wie die Dinge laufen sollen. Durch die Achtsamkeit finden wir zu unserer permanent vorhandenen und doch oft vergessenen Selbstverantwortlichkeit zurück.

Wenn wir auf Situationen reagieren, entsteht so etwas wie ein Pingpong-Spiel. Verbeißen wir uns in heftige Gefühle, regen uns auf, errichten Verteidigungswälle oder verfallen in Selbstmitleid und Dramatisierung, erzeugt dies alles Impulse und Handlungen, denen weitere Impulse und Handlungen folgen. Das vertieft und verfestigt meist das Problem noch mehr und verstärkt unser Problemerleben. Situationen werden für uns enger und verfestigen sich, Prozesse stagnieren. Wenn wir dagegen einmal das Experiment wagen, mit unserem gewöhnlichen Verhalten des Dramatisierens, Verbeißens und Verteidigens aufzuhören, und uns trotz der möglicherweise aufkommenden gewohnten Impulse einem offenen, heilsameren, konstruktiveren Verhalten zuwenden, können wir erleben, wie sich spontan Lösungen ergeben oder wir die Situation gar nicht mehr als so belastend erfahren. Helfen wird uns hier die Achtsamkeit, im Kontakt mit der Situation zu bleiben, vorurteilsfrei Entscheidungen zu fällen und den Umkehrpunkt zu finden. Meistens wenden wir reflexartig immer die gleichen Lösungs-, Denk- und Verhaltensmuster auf unsere Situationen an und wundern uns, warum immer die gleichen, altbekannten Ergebnisse dabei herauskommen und warum sich nie etwas ändert, obwohl wir doch so viel tun. Es wird sich aber nur dann etwas in unserem Leben verändern, wenn wir den Mut aufbringen, anders als gewöhnlich zu agieren. Gleiches zieht Gleiches nach sich, anderes zieht anderes nach sich.

Achtsamkeit auf den Körper

Der Körper ist ein sehr hilfreiches Messinstrument im Krisenmanagement, um den Umkehrpunkt zu finden, denn er zeigt uns sehr frühzeitig, wenn etwas nicht stimmt, und fordert uns auf, eine Entscheidung zu treffen. Nehmen wir zum Beispiel die ganze Palette der Stresssymptome. Da kribbelt es im Magen, es läuft uns ein Schauer über den Rücken, der Hals wird eng, unser Puls rast und die Atmung wird flacher. Wir können uns darüber aufregen, oder wir können diese Symptome als hilfreiche Warnsignale nehmen. Da wir aber oftmals gelernt haben, immer weiter zu funktionieren und die Signale dank Aspirin, Baldrian & Co. zu unterdrücken, haben wir den natürlichen Kontakt zu unserem Körper verloren, mit der Konsequenz, nicht zu merken, was mit uns los ist, und so auch nicht frühzeitig intervenieren zu können. Da der Körper sich langfristig nicht ignorieren lässt, erleben wir dann immer stärker werdende Symptome, die uns in unserem alltäglichen Leben zunehmend behindern und unsere Leistungsfähigkeit einschränken. Bei unserem Hausarzt beschweren wir uns dann darüber, dass unser Körper nicht »richtig« funktioniert. Doch er funktioniert hervorragend! Er will uns nur darauf aufmerksam machen, dass wir endlich einmal auf die Bremse treten und nicht die ganze Zeit mit platten Reifen Ralley fahren.

Die Symptomatik unseres Körpers ist so etwas wie unsere Energieanzeige, die es gilt, wieder lesen zu lernen. Darüber hinaus können wir unseren Körper als Anker nutzen, um in den gegenwärtigen Moment, ins Hier und Jetzt, zurückzukehren und darin zu verweilen. Das geschieht immer dann, wenn wir in direkten Kontakt zum Körper treten. Uns in jedem Moment mit der Wahrnehmung des Körpers zu verbinden ist Achtsamkeit. Dann sind wir präsent bei dem, was wir tun. Es geht hier um eine innere Präsenz, die getragen ist von absoluter Offenheit und Wertneutralität, indem wir die Dinge einfach nur registrieren, ohne auf sie mit Bewertungen zu reagieren.

Ein besonders hilfreiches körperliches Werkzeug ist unser Atem. Wenn wir Kontakt mit unserem Atem aufnehmen und ihn einfach spüren, wie er ein- und wieder ausströmt und welche körperlichen Empfindungen damit einhergehen, kann uns das Aufschluss über unsere momentane Befindlichkeit geben. Er ist wie ein Barometer und zeigt uns präzise unser eigenes Befindlichkeits-Wetter an.

Hier und jetzt

Die Achtsamkeit schult unsere Fähigkeit, im Moment zu bleiben. In der Regel sind wir nie bei dem, was wir gerade tun. Gehen wir zum Beispiel eine Straße entlang, tun wir das selten bewusst. Normalerweise sind wir während des Gehens im Geiste mit irgendetwas anderem beschäftigt. Vielleicht mit dem, was wir am Zielort erledigen wollen. Wir nehmen das Gehen gar nicht mehr wahr. Auch beim Autofahren sind wir nicht auf das Fahren konzentriert, sondern in Gedanken schon längst im Büro und formulieren Anschreiben oder erzählen unserer Kollegin, was unser Kind heute schon wieder angestellt hat. Wir sind nie bei dem, was wir gerade tun, und hetzen so von Moment zu Moment. Stress und Hektik sind übrigens nicht nur Erscheinungen der Neuzeit. Selbst zu Buddhas Zeiten vor 2500 Jahren gab es das schon. Schon damals waren die Menschen zerstreut, unkonzentriert, hektisch und getrieben. Als der Buddha gefragt wurde, was man denn da tun könne, gab er eine ganz schlichte Anweisung: *Wenn du stehst, dann stehe und sei dir dessen bewusst. Wenn du gehst, dann gehe und sei dir dessen bewusst, und wenn du läufst, dann laufe und sei dir dessen bewusst.* Das heißt: Machen Sie alles, was Sie tun, in vollem Bewusstsein, voller Aufmerksamkeit und Ausschließlichkeit, Moment für Moment im Gewahrsein für das, was gerade geschieht. Doch bleiben Sie daran auch nicht kleben, sondern lassen Sie die Momente wieder ziehen. Das wirkt stresslösend.

Für den Moment sorgen

Die Zukunft ist noch nicht eingetroffen, und so ist sie nur eine Fiktion, und die Vergangenheit ist längst vorbei und nur noch wie ein Traum. Wirklich ist nur der Moment, der Augenblick. Haben wir gerade viel zu tun, sehen wir häufig nur das Gesamtpaket unserer Arbeit und erleben, wie sein Gewicht unseren Moment beschwert. Wir vergessen dabei jedoch, dass wir den Arbeitsberg immer nur Stück für Stück, Mappe für Mappe, Angebot für Angebot, Moment für Moment abarbeiten können. Niemand kann alles auf einmal! Der Moment jetzt ist der einzige Moment, den wir haben. Dieser Moment ist der einzige Moment, den wir gestalten können. Sorgen wir gut für das Jetzt, haben wir gut für die Vergangenheit gesorgt und sorgen gut für die Zukunft. Wie Perlen an einer Kette reihen sich Moment für Moment aneinander. Sorgen Sie also für den jeweiligen Moment, so gut es Ihnen in Ihrer augenblicklichen Präsenz möglich ist, und damit sorgen Sie in perfekter Weise für jede kommende Situation.

Verbinden wir uns bewusst mit dem, was gerade jetzt ist, mit unserem Atem, mit dem Teilbereich Arbeit, den wir jetzt gerade bearbeiten, und halten dieses Gewahrsein Moment für Moment aufrecht, löst sich das Stressgefühl auf. Stress findet nur in Verbindung mit Gedanken an die Zukunft und daraus resultierendem Getriebensein statt, nicht aber im Moment. Der Moment an sich ist eine klare Etappenbegrenzung. Durch diese Etappenbegrenzung teilen wir den großen Arbeitsberg in kleine Schritte, die wir leichter bewältigen können. Wir tragen dann nur die Verantwortung für den jeweiligen Moment, für den jeweiligen Etappenbereich, für den jeweiligen Schritt jetzt, für das jeweilige Arbeitspensum des Moments. Und so wird der große Berg überwindbar. Wenn wir es tatsächlich schaffen, im Moment zu bleiben, können wir die Erfahrung von Stressfreiheit machen, auch wenn diese Erfahrung nur kurz andauern mag und schnell wieder abgelöst wird durch unsere gewohnten Gedankenmuster. Kehren wir immer wieder zur Erfahrung des Moments zurück, werden die Zeiten, in denen wir uns frei von Stress empfinden, zunehmen.

Übungen zur Achtsamkeit

Die folgenden Anregungen zur Selbstreflexion können Ihnen helfen, Ihre Wahrnehmung zu verfeinern und sich selbst besser kennenzulernen und ganz bewusst eine achtsame Haltung im Alltag einzuüben. Es ist hilfreich, sich jeweils mit einem Punkt pro Woche auseinanderzusetzen. Erfahrung braucht Zeit. Machen Sie sich zu Ihren Erlebnissen Notizen, das vertieft die Achtsamkeit.

Wertneutralität
Beobachten Sie sich einmal für nur zehn Minuten. Stellen Sie fest, wie oft Sie während dieser Zeit in Gedanken mit Zustimmung oder Ablehnung beschäftigt sind. Schauen Sie genau hin: Wie oft fällen Sie ein Urteil? Erinnern Sie sich daran, die Rolle des neutralen Beobachters einzunehmen und alles, was geschieht,

einfach nur zu beobachten, ohne es zu bewerten, ohne es festzuhalten, zu verfolgen oder irgendwie sonst darauf zu reagieren.
Achten Sie im alltäglichen Leben ganz bewusst auf Ihre Bewertungen. Versuchen Sie, die Dinge wertneutral zu sehen, und beobachten Sie, was sich dann verändert.

Geduld
Was bedeutet für Sie Geduld? Was machen Sie, wenn Sie bemerken, dass Sie keine Geduld haben oder die Geduld verlieren? Wie fühlen Sie sich, wenn Sie wirklich geduldig sind?
Verfeinern Sie Ihre Achtsamkeit. Achten Sie im täglichen Leben ganz bewusst auf Ihre Ungeduld. Welche Emotionen sind noch mit der Ungeduld verknüpft? Geben Sie Raum, wenn Sie merken, dass Situationen eng werden oder stagnieren. Lassen Sie zu, dass sich die Dinge zu gegebener Zeit selbst entfalten dürfen, experimentieren Sie damit. Achten Sie darauf, was geschieht und wie Sie sich fühlen.

Neugier, Offenheit, Anfängergeist
Betrachten Sie die Welt einmal mit den Augen eines Kindes. Erlauben Sie sich, neugierig zu sein und neue, vielleicht auch ungewöhnliche Perspektiven einzunehmen. Schauen Sie, was passiert. Wenden Sie diese Sichtweise auf alles an, was Ihnen im Alltag begegnet: Probleme, Menschen, Dinge, Situationen etc. Beobachten Sie, was sich verändert.

Loslassen
Fällt es Ihnen leicht, die Dinge zu lassen, wie sie sind, und nicht einzugreifen?
Üben Sie das bewusste Loslassen in Situationen, die Sie stark gefangen nehmen, an denen Sie festhalten oder die Sie anders

haben wollen, indem Sie bewusst Raum geben, körperlich wie mental. Beobachten Sie, was das bewirkt. Welche Gefühle und Reaktionen werden ausgelöst? Wie verändert sich die Qualität der Situation? Erscheint Ihnen das Ergebnis eher förderlich oder kontraproduktiv?

Akzeptanz
Was bedeutet für Sie Akzeptanz? Können Sie sich selbst oder andere akzeptieren?
Beobachten Sie sich im Alltag. Finden Sie heraus, bei welchen Anlässen Sie sich selbst oder andere nicht akzeptieren. Versuchen Sie, sich bewusst einem akzeptierenden Verhalten anzunähern. Nehmen Sie Ihre Grenzen wahr, und schauen Sie, was diese Grenzen ausmacht und ob Sie sie vielleicht neu stecken können.

Meditation

Getrieben durch unsere Gewohnheiten und Verhaltensmuster von Habenwollen und Nicht-Habenwollen, Hoffnung und Furcht führen die meisten von uns ein Leben, bei dem wir permanent von einer Sache oder Aktivität zur nächsten jagen. Doch haben wir das eine erreicht, sind wir mit unserem Geist bereits schon beim Nächsten und fühlen uns bald wie ein Hamster im Käfig, der zwar rennt, doch nirgendwo hinkommt. Aufgewachsen mit dem Satz: »*Sitz nicht einfach nur rum, tu was!*«, fällt es uns schwer, zur Ruhe zu kommen. Ruhe, die wir so nötig hätten, Ruhe, in der wir Kraft tanken können und sein dürfen, wie wir sind, Ruhe, in der sich Kreativität entfalten darf, in der wir uns entfalten dürfen. »*Tu nicht einfach nur irgendetwas – setz dich mal hin!*« Dies ist eine Einladung, die uns die Meditation gibt – und wir sollten sie des Öfteren annehmen.

Einladung zu Gegenwärtigkeit

Meditation ist Urlaub für den Geist. Sie ist eine sehr einfache und praktische Übung, mit der wir auch im Alltag ohne viel Aufwand, wo auch immer wir uns gerade befinden, wieder in den gegenwärtigen Moment zurückkehren und uns in Stille einfinden können. Meditation ist eigentlich nichts anderes als das Üben von Gegenwärtigkeit, Moment für Moment. Sie erleichtert es uns, uns auch im Alltag automatisch auf Gegenwärtigkeit auszurichten, indem wir Körper und Geist wieder miteinander verbinden.

Seit einiger Zeit hat auch die Wissenschaft großes Interesse an den messbaren Aspekten der Meditation gewonnen, und so wurde eine Reihe von Experimenten mit Langzeitmeditierenden durchgeführt. Die Forschungsergebnisse zeigen deutlich, dass Meditation die Stressresistenz erhöht und die Fähigkeit stärkt, mit Herausforderungen und Negativreizen emotional positiver umzugehen. Darüber hinaus fördert sie auch unsere Fähigkeit, liebevoller mit uns und unserem Umfeld umzugehen.

Warteschlangenmeditation

Ohne großen Aufwand können Sie Meditation in Ihrem unmittelbaren Alltag anwenden und üben, zum Beispiel wenn Sie in einer Warteschlange bei der Post oder an der Kasse in Ihrem Supermarkt stehen. Sie haben es eilig und sind schon mit wütenden Selbstgesprächen beschäftigt, kaum dass Sie sich angestellt haben. Und genau das ist Ihr Moment des Tages, um sich in Meditation zu üben! Diese Warteschlangensituation ist wie geschaffen dafür. Und das geht so:

Übung

Stellen Sie sich fest auf beide Füße. Heften Sie Ihren Blick auf den Rücken Ihres Vordermanns/Ihrer Vorderfrau, und richten Sie Ihre Aufmerksamkeit auf den Atem. Überprüfen Sie, wo Sie den Atem gerade überall spüren können. Meistens kann man ihn recht leicht an den Nasenflügeln spüren, in der Kehle oder auch im Brustkorb. Wenn wir gestresst oder angespannt sind, haben wir eher eine oberflächliche Atmung, die sich vor allem in unserer oberen Körperhälfte abspielt. Die berühmte Bauchatmung tritt in der Regel erst bei Entspannung auf. Seien Sie also nicht zu enttäuscht, wenn Sie Ihren Atem im Bauch nicht wahrnehmen können, während Sie genervt in der Schlange stehen. Wenn Sie nun also gespürt haben, wo Sie überall Ihren Atem wahrnehmen können, dann suchen Sie sich jetzt eine Stelle aus, vielleicht die Nasenflügel, und verankern Sie hier Ihre Aufmerksamkeit. Atmen Sie weiter, und bleiben Sie mit Ihrer Aufmerksamkeit beim Spüren der Empfindungen an den Nasenflügeln. Halten Sie so den Kontakt zum Atem. Atemzug für Atemzug. Bemerken Sie es, wenn Sie abschweifen, und konzentrieren Sie sich dann erneut auf den Atem. Immer, wenn Sie merken, dass Sie wieder über irgendetwas zu schimpfen beginnen, sich Geschichten erzählen und wieder nervös oder ärgerlich werden, richten Sie Ihre Aufmerksamkeit ganz bewusst auf das Spüren Ihres Atems. Immer und immer wieder. Lösen Sie sich von Ihren Gedanken, und kommen Sie zurück zum Spüren Ihres Atems.

Aus eigener Erfahrung kann ich sagen, dass ich mit dieser Atemmeditation wesentlich leichter solche Situationen durchleben kann und sich meine ärgerlichen Gedanken recht schnell beruhigen. Mittlerweile empfinde ich das Schlangestehen meist als Zeit-Geschenk. So häufig klagen wir darüber, dass wir so wenig Zeit haben. Zeit, die wir gerne für uns selbst hätten, Zeit zum Nichtstun. Jetzt bekommen wir Zeit geschenkt. Wir stehen in der Schlange, und wir haben überhaupt nichts zu tun. Die Schlange wird sich durch unseren Ärger nicht schneller bewegen, selbst durch Meditation wird sie nicht schneller werden, aber wir können, statt uns zu stressen und zu ärgern, das Geschenk der Zeit annehmen und uns innerlich entspannen, uns erholen, unserem Geist eine Atempause gönnen. Starke Emotionen kommen zur Ruhe, wenn wir sie nicht noch mehr durch Gedankenketten anheizen, das Gefühl von Stress minimiert sich. Wenn wir dann endlich am Schalter oder an der Kasse ankommen, sind wir wesentlich ruhiger und gelassener und können entsprechend freundlich mit der Kassiererin oder dem Postbeamten umgehen, statt genervt unsere schlechte Laune an ihnen auszulassen. So kommt diese kleine Atemmeditation allen zugute – uns und unserem Umfeld. Probieren Sie diese Übung auch in anderen Situationen aus, in denen Sie warten müssen, zum Beispiel an der Bushaltestelle, im Wartezimmer beim Arzt oder im steckengebliebenen Fahrstuhl.

Wahlfreiheit

Wir haben immer die Wahl, was wir aus einer Situation machen. Wir können Situationen zwar nicht immer in ihrer äußeren Struktur verändern, aber wir können unsere Reaktion darauf verändern. Ärgere ich mich und bin ungeduldig, stresst mich das nur, davon jedoch vollkommen unbeeindruckt wird die Schlange weiter in ihrem eigenen Tempo vorwärts gehen. Nutze ich die Zeit, um zur Ruhe zu kommen, mich zu entspannen, bewegt sich die Schlange zwar auch nicht schneller vorwärts, aber es geht mir besser. Ich empfinde weniger Belastung, und meine Nerven werden geschont. Auf das Außen haben wir wenig Einfluss, dafür aber auf unsere Gedanken und Empfindungen wesentlich mehr. Das sollten wir nutzen.

Potenzial entdecken durch Meditation

Einerseits kann Meditation uns helfen, in Alltagssituationen zur Ruhe zu kommen, indem wir uns, statt uns zu ärgern oder in Stress zu verfallen, auf ein neutrales Objekt wie den Atem ausrichten. Andererseits können wir Meditation auch zu unserer täglichen formalen Übung machen, um unseren Geist bewusst zu schulen, zu erforschen, zu entwickeln. Denn erst regelmäßig formal geübte Meditation kann unser Leben bzw. Erleben wirklich verändern.

Formal zu üben bedeutet, dass wir uns zu Hause einen Ort suchen, den wir als Meditationsplatz gestalten, und dass wir uns regelmäßig jeden Tag dort hinsetzen und uns in Meditation üben. So kommen wir langsam zur Ruhe, das Gedankenkarussell hört auf, sich zu drehen, Stille und Akzeptanz kehren ein, und unser Geist klärt sich. Nur ein klarer Geist, der nicht dauernd plappert, ist in der Lage, mit den Dingen, wie sie wirklich sind, in Kontakt zu treten. Die Meditation gibt uns ein Werkzeug an die Hand, mit dem wir den aufgewühlten Geist beruhigen können.

Wie Sie die Übung der Meditation praktisch angehen und eine tägliche Übungspraxis entwickeln können, erfahren Sie im folgenden Kapitel.

Auf den Punkt gebracht:

- Achtsam zu sein bedeutet, die Entwicklung der Fähigkeit, Verhaltens- und Denkmuster, Neigungen, Geistesaktivitäten und Reaktionen auf Situationen, Menschen und Dinge präzise wahrzunehmen.
- Achtsamkeit beinhaltet eine vollkommen wertneutrale, offene Haltung den Dingen gegenüber, bei der wir wie ein Beobachter alles, was geschieht, wertneutral registrieren, ohne manipulierend einzugreifen oder festzuhalten (Teflon).
- Achtsamkeit bedeutet, *sein mit dem, was ist*. Sie ist ein Zustand der absoluten Unmittelbarkeit, der absoluten Aufmerksamkeit und Wachheit.
- Wir erkennen, wie und wo wir intervenieren können – was es zu tun und zu lassen gilt, können klare Entscheidungen fällen, die unser weiteres Erleben in Bezug auf unser Umfeld und unsere Probleme beeinflussen.
- Meditation ist ein sehr effektiver Weg im Umgang mit Stress, Emotionen und Problemen, da sie auch die Fähigkeit stärkt, emotional positiver zu reagieren, das Stressempfinden zu reduzieren und liebevoller mit uns und unserem Umfeld umzugehen.
- Meditation hilft, in Alltagssituationen zur Ruhe zu kommen, unseren Geist zu schulen, zu erforschen und zu entwickeln.
- Erst regelmäßig formal geübte Meditation kann unser Leben bzw. Erleben wirklich nachhaltig verändern.

Reif für die Insel –
Einführung in die Meditation

Meditation bedeutet, mit unserer Hast, mit unserer Ruhelosigkeit, mit unserer unaufhörlichen Geschäftigkeit zu arbeiten.

CHÖGYAM TRUNGPA

Die Meditation ist *das* Werkzeug, um natürliche Stressresistenz zu entwickeln. Doch dazu müssen wir uns in ihr üben, nur dann werden wir in den Genuss ihrer Früchte Stressfreiheit und Klarheit kommen können.

Die Übung der Meditation unterteilt sich in Phasen. In der ersten Phase geht es darum, den Geist zu beruhigen und unsere Fähigkeit zu trainieren, unabgelenkt zu verweilen. Der tibetische Begriff für diese Form der Meditation ist *Shine* oder *Samatha* in Sanskrit und bedeutet *ruhiges Verweilen*. Die Flut der Gedanken und Gefühle, die normalerweise auf uns einstürmen, kommt zur Ruhe, so dass Gefühle des Friedens und Geistesruhe entstehen.

Die zweite Phase der Meditation beinhaltet die *Einsicht in die Natur der Dinge*, auf Tibetisch *Lhakthong* genannt oder auf Pali *Vipassana*. Diese Begriffe werden Ihnen vielleicht auch in anderen Büchern begegnen, darum erwähne ich sie hier. Durch den beruhigten Geist und die unabgelenkte Ausrichtung ist es dem Geist möglich, sein eigenes Wesen, seine eigene Natur zu erkennen. Das tibetische Wort für Meditation ist *Gom* und bedeutet, *es sich zur Gewohnheit* machen oder auch *sich vertraut machen mit*. Auf der äußeren Ebene ist damit gemeint, sich die formale Übung der Meditation zur täglichen Gewohnheit zu machen. Auf der geistigen Ebene bedeutet es, mit dem Geist und der Beschaffenheit der Dinge vertraut zu werden und diese Erfahrungen und die sich daraus ergebende Sicht auf die Wirklichkeit für das gesamte (Er-)Leben anzuwenden.

Schwimmen lernen

Als ich mit Meditation begann, machte ich mir einen genauen Plan, wann und wie lange ich meditieren wollte, und schätzte ab, wie lange ich für den gesamten Weg wohl benötigen würde bzw. in welchem Zeitraum ich mit entsprechenden Erfolgen zu rechnen hätte – ich plante meine Erleuchtung wie ein Projekt. Das war natürlich von Anfang an zum Scheitern verurteilt. Ich verkrampfte völlig, bastelte mir so etwas Ähnliches wie Meditation zurecht, doch es war eine Art Plastik-Meditation, künstlich, fad und tot. Unweigerlich machte ich die Erfahrung, dass Meditation sich unserem Willen entzieht und damit auch jeglichen Planungsgewohnheiten. Meditation kann von uns nicht »gemacht« werden. Es ist ähnlich wie das Schwimmenlernen. Die erste Zeit paddelt man so vor sich hin, übt die Bewegungen in der richtigen Abfolge und geht doch immer wieder wie eine Bleiente unter. Es ist nicht vorstellbar, wie Schwimmen überhaupt funktionieren soll. Man beginnt verbissen zu kämpfen, ärgert sich, denkt vielleicht, dass man selbst dafür nicht taugt und es nie klappen wird. Doch in dem Moment, in dem man sich bereits damit abgefunden hat, es nie zu lernen, und sich damit anfreundet, auch weiterhin orangerote Schwimmflügel zu tragen, verändert sich etwas. Plötzlich schwimmt man. Was sich genau verändert hat, kann man gar nicht sagen. Es klappt einfach. Das Wasser trägt, man ist entspannt, und das Schwimmen fällt mit fortwährender Übung immer leichter. Irgendwann vergisst man, dass es einmal anders war. Man schwimmt. Genauso ist es mit der Meditation. Manchmal zweifelt man an seinen Fähigkeiten und geht in den Gedankenfluten unter. Man kämpft und ackert, wehrt sich gegen die Gedanken oder die Müdigkeit, ärgert sich, reißt sich zusammen, konzentriert sich und hält durch. Es ist wahnsinnig anstrengend, und wir fragen uns, ob das wirklich richtig ist. Erschöpft lehnen wir uns einen Moment zurück. Für diesen Moment nur hören wir auf zu kämpfen, es richtig machen zu wollen und uns zu verkrampfen. Für diesen einen Moment geben wir auf, meditieren zu wollen, Meditation herstellen zu wollen. In diesem Aufgeben entspannen und öffnen wir uns der »Nichtkontrolle«, auch *Hingabe* genannt, und plötzlich ist es leicht. Es passiert einfach. Meditation passiert. Und mit dieser Erfahrung und dieser wachsenden Übung in Offenheit, Nichtkontrolle und entspannter Wachheit wird es immer leichter. Wie lange es dauert? Es dauert so lange, wie es eben dauert, und damit können wir uns entspannen. Und noch eine schmerzliche Erfahrung: Bleibt man nicht dabei, vergehen alle nicht stabilisierten Früchte. Und da die Früchte erst mit dem Erreichen der Erleuchtung stabil und unzerstörbar werden, sollten wir uns nicht auf unseren Lorbeeren ausruhen, sondern regelmäßig weiterüben, uns entspannen und die Meditation Tag für Tag verfeinern – in guten wie in schlechten Zeiten.

Lassen Sie uns schauen, wie man eine fruchtbare und alltagstaugliche Praxis aufbaut.

Vorbereitung

Erst einmal brauchen Sie einen Ort, an dem Sie sich niederlassen und an dem Sie wirklich zur Ruhe kommen können. Es sollte ein Platz sein, an dem Sie nicht gestört werden, an dem Sie auch mal die Tür hinter sich zumachen können, der Ihnen ein Ort der Stille und des Rückzugs sein kann.

Sie brauchen nicht viele Requisiten zum Meditieren, eine Decke als Unterlage und ein Meditationskissen oder -bänkchen reichen. Diese Kissen und Bänkchen sind im Yoga- oder Meditationsfachhandel erhältlich, lassen sich aber auch leicht selbst nähen bzw. bauen. Sie dienen schlicht der Erhöhung des Gesäßes. Diese Erhöhung erleichtert es Ihnen, das Becken etwas nach vorne zu kippen, so dass sich die Wirbelsäule aufrichten kann und Sie bequem und anstrengungslos mit geradem Rücken auf dem Boden sitzen können. Das ist alles. Wenn Sie noch kein Kissen oder Bänkchen haben, können Sie ruhig etwas improvisieren. Es lässt sich beispielsweise auch recht gut auf einer mehrfach zusammengelegten Decke sitzen. Buddhas Meditationskissen war einfach ein Bündel Gras, das er sich von einem Hirtenjungen erbeten hatte. Wichtig ist, dass das verwendete Material eine geschmeidige Festigkeit aufweist und Ihr Gesäß so weit erhöht, dass Sie bequem in eine aufrechte Haltung finden.

Sollte es Ihnen nicht möglich sein, entspannt und schmerzfrei auf dem Boden zu sitzen, können Sie selbstverständlich auch auf einem Stuhl meditieren. Der Stuhl sollte eine gerade Rückenlehne haben und die Sitzfläche zur Unterstützung Ihrer Beckenkippung etwas nach vorne geneigt sein. Sie können sich für die Neigung auch ein Keilkissen (im Baumarkt oder Orthopädiefachgeschäft erhältlich) auf die Sitzfläche legen.

Kommen wir nun zum eigentlichen Meditieren. Erinnern Sie sich noch an die Meditation in der Schlange an der Supermarktkasse oder am Postschalter? Da haben Sie schon meditiert. Die formale Meditation auf Ihrem Meditationsplatz ist die gemütliche Variante.

Haltung

Versuchen Sie, eine aufrechte, würdevolle, aber auch bequeme und schmerzfreie Sitzhaltung zu finden, in der Ihre Muskeln sich entspannen können und Ihr Rücken gerade aufgerichtet ist. Der gerade Rücken wird auch als die »Achse der Achtsamkeit« bezeichnet. Mit geradem Rücken ist es für uns leichter, aufmerksam zu bleiben. Das können wir auch in unserem Alltag beobachten: Sobald etwas in unserem alltäglichen Leben unsere Aufmerksamkeit und Konzentration erweckt, nehmen wir automatisch eine gerade, wache Haltung ein. Und wenn wir uns dann wieder entspannen, sinkt unsere Haltung etwas ein und der Rücken rundet sich, wirkt schlaffer. Diese unterschiedlichen Haltungen haben Auswirkungen auf unsere geistige Aktivität. Ein runder, eingesunkener Rücken und damit auch ein gestauchter Oberkörper wirken sich dämpfend auf unsere Klarheit und Energie aus. Die Lunge kann sich nicht voll entfalten und es kann nicht ausreichend Sauerstoff transportiert werden, Müdigkeit und das Gefühl der Dumpfheit und Kraftlosigkeit sind die Folgen. In einer aufrechten Haltung hat unsere Lunge ausreichend Entfaltungsspielraum und die Sauerstoffversorgung ist effektiver. Wenn wir uns auf die energetische Ebene beziehen, werden in der eingesunkenen Körperhaltung die Energiebahnen gestaucht und die sogenannte Lebensenergie *Prana* (Sanskrit für Lebensatem), auch *Lung* (tibetisch für Wind bzw. Energie) oder *Qi* bzw. *Ki* (chinesisch bzw. japanisch für Lebensatem/-energie) genannt, kann nicht richtig fließen, was unter anderem zu Müdigkeit, Dumpfheit, Kraftlosigkeit, Gesundheits-, Konzentrations- und Aufmerksamkeitsstörungen, aber auch zu emotionalen Störungen wie Depression führen kann.

Damit diese aufrechte, die Aufmerksamkeit fördernde Haltung ganz von selbst, ohne Muskelkraft gehalten werden kann, setzen Sie sich auf die Kante Ihres Kissens oder Stuhls und kippen Ihr Becken etwas nach vorne. Je höher Sie sitzen, umso leichter kippt sich das Becken nach vorne, und umso leichter richtet sich Ihr Rücken auf. Wenn Sie das Gefühl haben, noch zu niedrig zu sitzen, oder Spannung im Rücken spüren, legen Sie sich noch ein zusätzliches kleines Kissen oder eine gefaltete Decke unter Ihr Gesäß, bis Sie wirklich bequem und anstrengungslos sitzen. Wir Westler sind es normalerweise nicht gewohnt, auf dem Boden zu sitzen. Schauen Sie, ob es für Sie möglich ist, im Schneidersitz oder als Alternative wie ein Samurai im Kniesitz zu sitzen. Buddhas Lotossitz mit vollkommen ineinander verschränkten Beinen dürfte für die meisten von uns unerreichbar sein. Experimentieren Sie etwas, bis Sie Ihre Position gefunden haben. Wichtig ist: Sie sollte für Sie wirklich schmerzfrei und anstrengungslos sein und Ihnen eine entspannte, aufrechte, würdevolle Haltung ermöglichen. Die Hände können Sie einfach locker mit den Handflächen nach unten auf Ihren Oberschenkeln ruhen lassen. Wenn Sie es etwas traditioneller mögen, dann legen Sie Ihre Hände wie Schalen ineinander, die Daumen berühren sich dabei leicht. Lassen Sie die so ineinandergelegten Hände einfach in Ihrem Schoß ruhen. Die Augen können Sie schließen oder halb geöffnet lassen. Bei halb geöffneten Augen lassen Sie Ihren Blick weich ca. zwei bis drei Meter vor sich auf dem Boden ruhen, ohne etwas Spezielles zu betrachten. Prüfen Sie für sich, was Ihnen angenehmer oder praktikabler erscheint.

Zur Ruhe kommen

Nachdem Sie jetzt anstrengungslos, gerade und entspannt sitzen, lassen Sie sich nun auch mit Ihrem Geist auf dem Meditationssitz nieder, in dem vollen Bewusstsein, hier und jetzt mit Körper und Geist auf diesem Platz zu sitzen. Nehmen Sie die Empfindungen an den Berührungspunkten Ihres Körpers mit dem Kissen oder dem Boden wahr. Spüren Sie in Ihren Körper hinein, wie er sich gerade anfühlt. Gibt es Spannungen in den Muskeln, oder spüren Sie Entspannung? Erlauben Sie Ihrem Körper, zur Ruhe zu kommen, die Spannung aus den Muskeln fließen zu lassen und sein ganzes Gewicht an die Unterlage abzugeben. Nehmen Sie wahr, wie Ihr Atem fließt – schnell oder langsam, tief oder flach. Geben Sie sich einige Augenblicke Zeit, um einfach nur dazusitzen und wahrzunehmen, was gerade auftaucht. Vielleicht bemerken Sie Müdigkeit oder auch eine wahre Flut von Gedanken. Auch das registrieren Sie einfach nur. Es braucht nichts anders zu sein, als es gerade ist. Geben Sie sich Zeit, auf Ihrem Sitz anzukommen und damit vertraut zu werden. Vielleicht sind Sie heute viel umhergelaufen, haben Dinge erledigt, waren gehetzt und genervt. Schenken Sie sich Zeit. Jetzt, in diesem Moment gibt es nichts zu tun und auch nichts zu erreichen. Das ist jetzt einfach nur Ihre Zeit.

Den Atem berühren

Dann richten Sie Ihre Aufmerksamkeit ganz bewusst auf Ihren Atem. Nehmen Sie Kontakt auf. Wo spüren Sie gerade den Atem am intensivsten – an den Nasenflügeln, am Rachen, im Brustraum oder im Bauch? Verankern Sie an einer Stelle Ihre Aufmerksamkeit. Vielleicht haben Sie durch die Warteschlangenmeditation bereits einen Lieblingsatempunkt. Nutzen Sie ihn auch bei der formalen Meditation, fällt es Ihnen zunehmend leichter, zu Ihrem Atem zu finden. Bleiben Sie mit Ihrer Aufmerksamkeit ganz bewusst beim Spüren des Atems an dieser Stelle. Es sollte von der Intensität ungefähr so sein, als würden Sie den Atem mit Ihrer Aufmerksamkeit ganz sanft berühren. Sitzen Sie so eine Weile in entspannter Atembetrachtung.

Mit Gedanken umgehen

Nach einiger Zeit, vielleicht aber auch schon recht schnell, werden Sie bemerken, dass sich Gedanken in Ihre Aufmerksamkeit schleichen und Sie sich von ihnen ablenken lassen. Und genau hier wird es interessant. Die Gedanken sind unser Übungsfeld. Sie sind deshalb die Freunde, nicht die Feinde der Meditierenden. Statt ihnen jedoch wie gewohnt nachzuhängen, nutzen wir sie, um unsere Fähigkeit des Loslassens zu trainieren. Ohne Gedanken könnten wir diese Fähigkeit nicht trainieren. Statt sich also gegen die Gedanken zu wehren und zu versuchen, sie zu unterdrücken, freuen Sie sich, dass sie da sind, sie sind Ihr Trainingsgerät. Gedanken sind Bewegungen des Geistes. Ohne Gedanken könnten wir unseren Geist kaum wahrnehmen, da er an sich keine Form oder Farbe hat.
Wenn Gedanken auftauchen, geht es darum, sie ohne Bewertung einfach nur wahrzunehmen, und ohne sich mit dem Inhalt der Gedanken zu befassen, die Aufmerksamkeit bewusst sofort zurück zum Spüren des Atems zu lenken. Das ist erstmal alles – Gedanken tauchen auf, bewertungsfrei wahrnehmen und bewusst wieder die Aufmerksamkeit auf das Spüren des Atems lenken. Atemzug für Atemzug, Gedanke für Gedanke. Folgen Sie den Gedanken nicht, lassen Sie sie einfach ziehen, ohne sie wegzudrängen oder weghaben zu wollen. Sie werden die Erfahrung machen, dass sie sich ganz von selbst auflösen,

wenn Sie ihnen keine Nahrung durch weiteres über sie Nachdenken und Grübeln geben. Gedankenketten werden durch unsere Produktion von Folgegedanken gebildet und am Leben erhalten. Unterbrechen wir dagegen den Vorgang und produzieren keine Folgegedanken mehr, löst sich jeder auftauchende Gedanke sofort wieder auf. Damit kehrt Ruhe im Geist ein.

Übungszeit

Sitzen Sie in dieser Form für fünf bis zehn Minuten. Das reicht für den Anfang. Üben Sie jeden Tag zu einer Zeit, die Ihnen angenehm ist. Das kann morgens sein oder auch abends, je nach Ihrem Bio- und Tagesrhythmus. Verlängern Sie diese Zeitspanne erst dann, wenn Sie für diese Zeit relativ anstrengungslos präzise immer wieder zu Ihrem Atem zurückkehren können, ohne sich mit dem Inhalt der Gedanken zu befassen. Es geht in der Meditation tatsächlich um Präzision und Disziplin. Es braucht Präzision, um wahrzunehmen, wenn wir in Gedanken abschweifen, und es braucht Disziplin, sich von den Gedanken wieder zu lösen – ganz gleich, welchen Inhalt sie haben. Und Sie wissen so gut wie ich, dass manche Gedanken ganz schön verlockend sind und meist auch viel faszinierender als diese schlichte Fokussierung auf den Atem.

Mit Schwierigkeiten umgehen

Der Atem verkrampft sich, wird unnatürlich: Manchmal wollen wir unsere Sache ganz besonders gut und richtig machen. Wir haben uns ja schließlich von unserer knappen und kostbaren Zeit etwas abgezweigt, und nun soll das, was wir tun, auch effektiv sein. Mit Halbheiten möchten wir uns nicht zufriedengeben. Das kann dazu führen, dass wir in unserer Aufmerksamkeit starr werden – anstatt den Atem sanft zu berühren, umklammern wir ihn. Das führt zu Verkrampfungen unseres Atems und unseres Geistes. Wenn Sie merken, dass Ihr Atem ins Stocken gerät oder Sie ihn gar mechanisch ein- und ausstoßen, lassen Sie ganz bewusst los. Lockern Sie Ihre Muskeln, lösen Sie Ihre Gesichtszüge, atmen Sie tief ein und aus, und richten Sie die Aufmerksamkeit bewusst auf Ihre Wahrnehmung an den Kontaktpunkten des Körpers mit dem Kissen oder der Unterlage. Sobald sich der Atem wieder natürlich eingependelt hat, lassen Sie die Aufmerksamkeit ganz sanft wieder auf ihm ruhen. Vertrauen Sie der Weisheit Ihres Körpers. Ihr Körper weiß, wie er einatmen und ausatmen soll. Sie brauchen es nicht zu kontrollieren, es geschieht von ganz alleine. Trungpa Rinpoche, ein bekannter tibetischer Meditationsmeister, antwortete auf die Frage eines westlichen Schülers, mit welcher Intensität die Aufmerksamkeit auf dem Atem ruhen sollte, mit der präzisen Angabe, dass sie nicht mehr als 20 Prozent betragen sollte. Mehr nicht. Wenn Sie ein Gespür dafür bekommen möchten, was 20 Prozent sind, drücken Sie Ihren Zeigefinger in einer für Sie 100 Prozent betragenden Intensität auf eine feste Unterlage, dann reduzieren Sie den Druck in Zehn-Prozent-Schritten. Wie fühlen sich 20 Prozent Druck für Sie an? In dieser Intensität lassen Sie Ihre Aufmerksamkeit auf dem Atem ruhen.

Erstverschlimmerung: Es ist normal, dass am Anfang so etwas wie eine Erstverschlimmerung eintritt. Statt zur Ruhe zu kommen, scheinen die Gedanken immer mehr zu werden und wie eine Sturmflut über Sie hereinzubrechen. Das ist ein gutes Zeichen, denn es beweist, dass Sie aufmerksam sind. Bisher war Ihnen vielleicht noch nicht bewusst, was für eine Affenhorde Tag und Nacht da in Ihrem Oberstübchen tobt, sich Sorgen macht, pausenlos alles kommentiert und dazwischenplappert, aufbauscht und dramatisiert. Gedanken sind Ihr Trainingsfeld. Nutzen Sie sie für Ihre Übung: Lassen Sie sich nicht stressen, setzen Sie sich hin, atmen Sie, und immer wenn Sie merken, dass Ihre Gedanken gerade anfangen, eine »Wie-schlimm-doch-alles-ist-Party« zu feiern, werden Sie zum Partyschreck, und bringen Sie Ihre Aufmerksamkeit sofort zurück zum Spüren des Atems. Üben Sie auch im Alltag, außerhalb Ihrer festen Meditationszeiten, sich mit dem Atem zu verbinden – überall, wo Sie sich befinden: im Auto, an der Ampel, im Aufzug, im Supermarkt, wenn Sie merken, dass Sie unkonzentriert sind, wenn Sie sich ärgern, wenn Sie in Gedanken spazieren oder shoppen gehen. Immer wenn Sie merken, dass Sie anfangen, zu grübeln, zu dramatisieren, zu kommentieren oder zu träumen, unterbrechen Sie das, und richten Sie Ihre Aufmerksamkeit auf das Spüren des Atems. Das stärkt, auch außerhalb der Meditationszeiten, Ihre Fähigkeit, präsent zu bleiben und der Affenhorde im Geist Manieren beizubringen. Permanentes Grübeln, Dramatisieren, Träumen und Nachdenken – das alles sind einfach nur Gewohnheiten. Und diese Gewohnheiten können wir durch Übung verändern.

Langeweile: Meditation kann früher oder später ganz schön langweilig werden. Es passiert nicht viel, und es wird immer weniger passieren. Und da kommen uns unsere Gedanken gerade recht, um uns zu bespaßen und von dem ach so langweiligen Atem abzulenken, damit wir uns den vermeintlich wichtigeren oder nützlicheren Dingen zuwenden. Sie machen aber bereits das Nützlichste und Wichtigste, was Sie im Augenblick tun können: Sie meditieren. Meditation schult Ihre Fähigkeit, mit Krisen, Schwierigkeiten, Stress etc. wirklich umgehen zu können. Es gibt also nichts Nützlicheres, was Sie jetzt gerade tun können. Nachdenken und Pläne schmieden können Sie danach immer noch. Nutzen Sie die kostbare, kurze Zeit der Meditation für dieses Training des Loslassens. Damit tun Sie das Beste, was Sie für sich und auch für Ihr Umfeld in diesem Moment tun können. Nachdenken, Grübeln, Träumen und Planen brauchen wir nicht erst zu üben, unser ganzes Leben verbringen wir schon damit. Das können wir bereits perfekt. Und jetzt setzen wir die kurze Zeit der Meditation dieser Zeit entgegen. Ein im Vergleich verschwindend geringer Zeitraum, nicht wahr? Also, nutzen Sie wenigstens diese kurze Zeit für das Training in Achtsamkeit und Loslassen. Jede Minute Meditation bringt Sie Ihrem Ziel, mit den Herausforderungen des Lebens besser umzugehen, näher. Und es werden auch jetzt schon, zu Beginn der Übungspraxis, Momente im Alltag auftauchen, in denen Sie Leichtigkeit, Entspannung und Unbeschwertheit erleben.

Ausweiten der Praxis

Wenn Sie dann so weit geübt sind, dass Sie leicht die Aufmerksamkeit halten können und sich nicht mehr so schnell von Ihren Gedanken ablenken lassen, erweitern Sie Ihre Übungszeit schrittweise um weitere fünf bis zehn Minuten. Mit der Zeit wird es Ihnen möglich sein, anstrengungslos und vollkommen aufmerksam zwanzig Minuten oder gar eine halbe Stunde zu meditieren. Es spricht nichts dagegen, mit wachsender Übung auch länger zu meditieren, nur sollte es mit Ihrem Alltag kompatibel sein. Es bringt nämlich nur wenig, wenn Sie lediglich einmal in der Woche, beispielsweise am Sonntag, meditieren. Das wäre wie einmal in der Woche joggen. Viel würde sich dadurch an Ihrer körperlichen Fitness nicht verändern, genauso verhält es sich mit dem Training Ihres Geistes. Beginnen Sie, Zeiten der Meditation bewusst in Ihren Tagesrhythmus mit einzuplanen. Welche Zeitspanne passt in Ihren Tagesablauf, so dass Sie die Meditation tatsächlich jeden Tag üben können? Wenn Sie eine Zeitspanne gefunden haben, die Sie problemlos täglich für die Meditation nutzen können, wird es Ihnen möglich sein, daraus eine regelmäßige Gewohnheit werden zu lassen und sich so dauerhaft eine Insel in Ihrem Alltag zu schaffen. Sie sind reif für die Insel? Dann wird es Zeit für Meditation!

Früchte der Praxis

Mit wachsender Übungszeit wird Ihr Geist immer klarer werden. Es wird Ihnen leichtfallen, in den wachen, aber entspannten Zustand der Meditation zu gelangen, Gedanken kommen und gehen zu sehen und ganz sanft beim Atem zu bleiben. Sie werden merken, dass dies Auswirkungen auf Ihren Alltag hat, Sie sich vielleicht zufriedener und ruhiger fühlen. Vielleicht stellen Sie fest, dass Sie sich normalerweise in einer Situation total aufgeregt hätten und jetzt viel entspannter sind oder sogar gelassen. Sie bemerken, dass Sie auch im Alltag sehr wach, klar und aufmerksam sind, mit allem, was passiert, in einem unmittelbaren Kontakt stehen (ohne sich darin zu verwickeln), und dass es Ihnen leichtfällt, Zusammenhänge zu erkennen. Hören Sie dann aber nicht auf mit der Übung, machen Sie weiter. Sie sind auf einem guten Weg.

Intuitive Einsicht

Ist Ihr Geist durch dieses beständige Üben der Meditation zur Ruhe gekommen, können sich spontan intuitive Einsichten einstellen. Sie ergeben sich nicht auf dem üblichen Weg des konkreten Nachdenkens, sondern zeigen sich einfach. Beispielsweise erkennen wir das Zusammenspiel unserer geistigen Aktivität und unserer Wahrnehmung der erlebten Wirklichkeit. Dies ist dann die bereits zu Beginn dieses Kapitels erwähnte zweite Phase der Meditation. Sie geschieht einfach mit der Zeit und lässt sich nicht erzwingen. Über intellektuelles Nachsinnen lässt sich zwar intellektuelles Verständnis erzielen, die intuitive Einsicht in der Meditation jedoch ist reine Erfahrung. Vergleichen wir es mit dem Fahrradfahren. Sie können Bücher übers Fahrradfahren gelesen und sich intellektuell auch mit Gleichgewicht, Schwerkraft und der Logik des Antriebs durch die Pedale auseinandergesetzt haben. Sie wissen alles übers Fahrradfahren und haben diesen Vorgang wissenschaftlich, logisch und kognitiv durchdrungen. Doch wie es schließlich ist, Fahrrad zu fahren, wie das Gleichgewicht tatsächlich gehalten werden kann und welcher Zusammenhang zwischen Geschwindigkeit und Gleichgewichthalten besteht, die wirkliche Erfahrung, die können Sie erst durch das wirkliche Fahren auf dem Fahrrad machen.

Mit fortschreitender Übung in der Meditation entspannt und öffnet sich Ihr Geist immer weiter. Sie erkennen das Wesen Ihres Geistes. Sie verstehen zutiefst, wie Sie sich Ihre Probleme selbst schaffen, und hören auf, sich in die Dinge zu verstricken. Sie erkennen auch, wie sich andere in diesem unheilsamen und anstrengenden Kreislauf befinden, und beginnen, auf ganz natürliche Weise, Mitgefühl und Offenheit für sie zu empfinden und die Fähigkeit zu entwickeln, sie auf eine weise und natürliche Art zu unterstützen.

Bei der Praxis der Meditation werden Sie unweigerlich Bekanntschaft mit dem geistigen Kommentator machen, der alles bewertet. Da dieser Kommentator viel zu unserem Stresserleben beiträgt, möchte ich Sie im folgenden Kapitel mit der geistigen Aktivität des Bewertens näher vertraut machen, so dass Sie lernen können, mit dieser geistigen Aktivität besser umzugehen.

Auf den Punkt gebracht:

- Meditation ist ein Training und erfordert tägliche Praxis, in guten wie in schlechten Zeiten.
- In der ersten Phase geht es darum, den Geist zu beruhigen und die Fähigkeit zu trainieren, unabgelenkt zu verweilen.
- Die zweite Phase der Meditation ist die *Einsicht in die Natur der Dinge.*
- Der Meditationsplatz: eine Decke als Unterlage und ein Meditationskissen oder -bänkchen
- Haltung: sitzend, aufrecht, würdevoll, aber auch bequem, entspannt und schmerzfrei
- Durchführung: Aufmerksamkeit ganz bewusst auf den Atem lenken und beim Spüren des Atems bleiben. Tauchen Gedanken auf, ohne Bewertung wahrnehmen, und ohne sich mit dem Inhalt der Gedanken zu befassen, die Aufmerksamkeit bewusst zurück zum Spüren des Atems lenken. Folgen Sie den Gedanken nicht, lassen Sie sie einfach ziehen, ohne sie wegzudrängen oder weghaben zu wollen.
- Die Gedanken sind unser Übungsfeld. Sie sind die Freunde der Meditierenden.
- Üben Sie jeden Tag.
- Verlängern Sie die Zeitspanne von anfänglich fünf bis zehn Minuten erst dann, wenn Sie für diese Zeit relativ anstrengungslos präzise immer wieder zu Ihrem Atem zurückkehren können, ohne sich mit dem Inhalt der Gedanken zu befassen.
- Es braucht Präzision, um es wahrzunehmen, wenn wir in Gedanken abschweifen, und es braucht Disziplin, sich von ihnen wieder zu lösen, ganz egal, welchen Inhalt sie haben.
- Meditation schult die Fähigkeit, mit Krisen, Schwierigkeiten, Stress etc. auf heilsame Weise umzugehen.
- Üben Sie überall, wo Sie sich befinden, im Auto, an der Ampel, im Aufzug, im Supermarkt, wenn Sie merken, dass Sie unkon-

zentriert sind, wenn Sie sich ärgern, wenn Sie spazieren oder einkaufen gehen.
- Übung im Alltag stärkt Ihre Fähigkeit, präsent zu bleiben.
- Permanentes Grübeln, Träumen und Nachdenken sind nur eine Gewohnheit und lösen sich mit wachsender Übung auf.

Ansichtssache –
Von der Kunst, nicht zu bewerten

Stolz, Eifersucht, Verbitterung, Wut und all die anderen Emotionen werden dadurch genährt, dass wir unsere Umwelt ständig bewerten: »Das mag ich, das mag ich nicht. Das ist gut, das ist schlecht. Das ist richtig, das ist falsch.« Wir bemerken nicht, wie subjektiv unsere Bewertungen sind.

GENDÜN RINPOCHE

In einer Achtsamkeitsübung stehen acht Menschen an ein und demselben Fenster. Sie schauen aus diesem Fenster hinaus auf die Straße. Jeder schaut auf die gleiche Straße. Im darauffolgenden Austausch wird deutlich, dass jeder eine andere Straße gesehen hat, andere Farben, Lichtverhältnisse, Straßenszenen und Details. Bei jedem dieser Menschen hat das Gesehene unterschiedliche Stimmungen, Bewertungen und Gefühle ausgelöst. Vollkommen unbewusst. Erst durch den Austausch wird deutlich, dass hier nicht ein objektives Geschehen einfach nur betrachtet wurde, sondern dass sich diese Straße im Inneren dieser Menschen erst gebildet hat. Das zeigt, wie sehr wir unsere subjektive Wirklichkeit selbst erschaffen und dass wir dies ganz automatisch tun, ohne auch nur einen Gedanken daran zu verschwenden, dass andere vielleicht einen ganz anderen Eindruck der Situation haben könnten. Wir gehen einfach viel zu sehr von uns selbst aus, stellen uns ins Zentrum allen Seins und messen unserer Wahrnehmung unglaublich viel Gewicht bei. Wir gehen ganz natürlich davon aus, dass das, was wir wahrnehmen, Gesetz ist und universelle Gültigkeit hat, dass auch alle anderen die Situation oder was auch immer gleich wahrnehmen. Doch es ist nur unsere eigene Sicht der Dinge, aus unserer individuellen Perspektive heraus, es ist das, was wir daraus machen, geprägt durch eigene Erwartung, Befürchtung, Erziehung, Konditionierung, Aufmerksamkeit, Sinnesfähigkeit, Kreativität und vieles, vieles mehr. Darüber hinaus begnügen wir uns nur mit einem Ausschnitt der Wirklichkeit, glauben aber, dass dies das gesamte Universum wäre. Und das kann zu Missverständnissen, Problemen und Streit führen, denn es gibt weitaus mehr als nur (m)eine Perspektive.

Annäherung an die Wirklichkeit

Manchmal ist es ganz schön schwer zu erkennen, was objektive Wirklichkeit und was unsere Eigenkreation der Wirklichkeit ist. Ist es uns überhaupt möglich, objektiv wahrzunehmen, oder sehen wir alles nur durch unsere individuell gefärbte Brille?
Schauen wir uns den Prozess des Bewertens anhand eines alltäglichen Beispiels an: Wie ging es Ihnen, als Sie das letzte Mal im Stau gestanden haben? Haben Sie sich geärgert, weil Sie diesen Stau vollkommen überflüssig fanden, von den vielen roten Ampeln ganz abgesehen? Stau löst bei vielen Menschen Stressgefühle und eine Reihe weiterer unangenehmer Empfindungen aus. In der Regel findet das vollkommen unreflektiert statt. Häufig können wir gar nicht erkennen, was unser Anteil am Problem ist, da wir das Problem grundsätzlich im Außen suchen – also den Stau oder die vielen Menschen in ihren

Autos dafür verantwortlich machen, dass wir ein Problem haben. Denn ohne Stau hätten wir ja kein Problem, oder?
Nun, nicht ganz. Denn wenn wir genau hinschauen und wahrnehmen, was passiert, können wir erkennen, dass da eine Reihe vollkommen neutraler Gegebenheiten zusammenkommt: eine große Anzahl von Autos, vielleicht ein Verkehrshindernis, z. B. ein Unfall oder eine Baustelle, und wir, die wir uns, wie alle anderen, auch mit unserem Auto auf dem Weg zu einem Ziel befinden. Bis hierher ist alles neutral. Nun fahren wir auf den Stau zu und blitzschnell bewerten wir die Stausituation mit »*nicht gut*«, und wir reagieren mit Ablehnung auf die Situation. Daraufhin färbt sich die letztlich neutrale Situation negativ ein und wird von uns als problematisch, stressig und leidhaft empfunden. Das heißt, eine neutrale Situation wird erst durch unsere Negativbewertung zum Problem. Und es ist *unser* Problem, denn es bildet sich erst aufgrund unserer Bewertungen. Das Problem hat vorher nicht bestanden, was es gab, waren neutrale Faktoren, die in einer Situation zusammenkamen. Aufgrund der Bewertung »nicht gut« beginnen wir uns innerlich gegen die Situation zu wehren, indem wir schimpfen oder sie weiter kommentieren mit Gedanken wie: »*Immer passiert mir das. Ich bin aber auch ein Pechvogel! Haben die denn kein Zuhause?! Müssen die denn gerade jetzt, wenn ich hier lang will, auch unterwegs sein?!*« So entsteht der Stressverschärfer Bewertung-Gedanken-Emotionen-Leid-Kreislauf, auch genannt *Drama,* und verstärkt unser Problemerleben, da wir nur noch die gefärbte Situation wahrnehmen und den Kontakt zur eigentlich neutralen Wirklichkeit (eine Ansammlung von Autos) verlieren. Vielleicht reden wir uns auch noch ein, dass das Leben es mit uns wirklich nicht gut meint. Wir werden vielleicht wütend auf das Leben und eifersüchtig auf alle anderen, denen es viel besser zu gehen scheint als uns. Auf die Idee, dass wir uns gerade selbst ein Problem kreiert haben,

kommen wir gar nicht. Wir fühlen uns der Situation hilflos ausgeliefert und vom Leben ungerecht behandelt.

Sinn von Bewertungen

In erster Linie dienen Bewertungen dazu, unser Überleben zu sichern. In Bruchteilen von Sekunden werden Menschen oder Situationen als angenehm oder unangenehm, gefährlich oder ungefährlich, Freund oder Feind kategorisiert. Auf diese Bewertung folgen die passenden Emotionen wie Ärger, Wut, Angst oder Zuneigung. Auf diese Emotionen folgen dann die entsprechenden Handlungen wie Angreifen, Abwehren, Flüchten oder auch Gesten der Freundschaft oder liebevollen Zuneigung. Damit ist die Situation allerdings noch lange nicht beendet, denn diese Handlungen und Reaktionen rufen wiederum Gegenreaktionen hervor.

Es gibt durchaus sinnvolle Bewertungen, die unser Überleben sichern helfen, wie z. B. den Stau als Gefahr zu erkennen und entsprechend darauf zu reagieren, indem wir bremsen und besonders aufmerksam sind. Das ist angemessen, wir befinden uns im direkten Kontakt mit der Situation. Kennzeichnendes Merkmal ist hier eine Form der wertfreien Beobachtung, die uns neutral und sicher handeln lässt. Bewusst wahrgenommene Bewertungen können uns in unserem alltäglichen Leben unterstützen. Sie geben uns die Möglichkeit, uns heilsam auszurichten und für uns und andere zu sorgen. Bleiben sie unreflektiert, stehen Bewertungen uns ganz schön im Weg, denn wir sehen die Wirklichkeit durch den Filter unserer Meinungen und Ideen über die Situation und sind uns dessen noch nicht einmal bewusst. Es wird uns so nicht möglich sein, adäquate Lösungen für die jeweilige Situation zu entwickeln, da unsere Ideen nur auf unsere Eigenkreation der Wirklichkeit, unseren Filter, abzielen, nicht jedoch auf die wirkliche Situation. So kommt es zu unangemessenem Verhalten, Überreaktionen und unzureichenden Lösungsansätzen, mit denen wir früher oder später unweigerlich scheitern, was uns erneute Stress- und Krisenmomente erleben lässt.

Der Filter vor der Wirklichkeit

Normalerweise wird von uns alles automatisch bewertet und in Kategorien oder Schubladen eingeordnet, ohne dass uns dieser Vorgang auch nur einen Moment bewusst ist. Permanent plappert der Kommentator in unserem Kopf und gibt zu allem seinen Senf dazu, bewertet, kommentiert, klassifiziert, schätzt ab. Der daraus entstehende Filter macht es uns unmöglich, mit der Wirklichkeit in einen unmittelbaren und unverfälschten Kontakt zu gelangen. Im Buddhismus nennt man diesen Filter auch »Schleier«, und man spricht auch von Unwissenheit oder auch dem Schleier der Unwissenheit.
Unwissenheit bedeutet, dass uns etwas nicht bewusst ist, da unsere Wahrnehmungsfähigkeit noch nicht ausreichend geschult ist oder wir Dinge verdrängen. Alle Bereiche, die dieser Unwissenheit unterliegen, bergen ein Gefahrenpotenzial für unser Problemerleben, da wir nicht konstruktiv mit verdrängten Inhalten umgehen können. Jeder Mensch hat Reaktionsmuster, die immer wieder automatisch ablaufen. Wenn dies Muster sind, die uns immer wieder in problematische Situationen bringen und sich vielleicht sogar destruktiv auf uns, unsere Gesundheit und auf unsere Mitmenschen auswirken, können wir erst dann Reaktions- oder Handlungsalternativen finden, wenn wir uns der Muster bewusst werden. Wenn wir uns über unser Muster und die daraus folgenden Vorstellungen und Handlungen nicht im Klaren sind, suchen wir die Lösung immer wieder an der falschen Stelle. Wir meinen, dass andere Schuld an unserem Erleben haben, verlagern so die Verant-

wortlichkeit auf unser Umfeld, ohne unseren eigenen Anteil wahrzunehmen. Solange wir uns in einem solchen Zustand der Unwissenheit befinden, werden wir nichts, aber auch gar nichts an der Situation verändern können. Je mehr Achtsamkeit wir allerdings entwickeln, umso mehr Bewusstheit entsteht, und damit wächst unsere Fähigkeit, immer mehr Facetten unserer Reaktionsweisen zu erkennen und aus der Unbewusstheit in die Bewusstheit zu bringen.

Objektivität

In unserem Alltag müssen wir permanent Entscheidungen treffen. Das heißt, wir kommen manchmal nicht umhin, Dinge, Menschen oder Situationen zu bewerten, denn sonst könnten wir nicht entscheiden, was wir tun wollen und was nicht. Doch damit diese Entscheidungen stimmig sind, brauchen wir Objektivität. Objektivität können wir als größtmögliche Offenheit der Wirklichkeit gegenüber bezeichnen. Natürlich werden Bewertungen, Wünsche, Hoffnungen oder Befürchtungen in unserem Geist auftauchen. Das ist ganz normal. Im buddhistischen Stress- und Krisenmanagement kommen wir immer wieder darauf zurück, uns genau anzuschauen, wie wir unsere Wirklichkeit und damit unser Leid selbst schaffen. Es geht also darum, größtmögliche Bewusstheit über unseren Vorgang des Bewertens als solchen zu erlangen und zu erkennen, dass Bewerten eine Aktivität unseres eigenen Geistes ist. Schauen wir genau hin, können wir erkennen, dass Bewertungen nichts anderes sind als flüchtige Gedanken. Sie besitzen keine Substanz, keine wirkliche Realität, und wenn wir das sehen, verlieren sie für uns ihre vermeintliche Massivität, ihre Kraft. Erst wenn wir diesen Prozess als das, was er ist, wahrnehmen, haben wir die Möglichkeit, bewusst zu agieren, statt wie bisher so oft einfach blind zu reagieren. Und das ist ein entscheidender Unterschied.

Erst wenn wir wahrnehmen, dass wir einen Menschen oder eine Situation in eine Schublade stecken, können wir die Schublade wieder öffnen und der alten Gewohnheit widerstehen, uns von unseren Bewertungen leiten zu lassen. Mit diesem Gewahrsein und der Entscheidung zur Offenheit haben wir die Chance, der Wirklichkeit näherzukommen. Entscheidungen fällen wir dann auf Basis dieser Offenheit, anstatt aus Angst, schlechter Erfahrung, Druck oder gesellschaftlichen Konventionen. Wir werden autonom und unabhängig, nicht nur von anderen, sondern auch von unseren eigenen diffusen Gedanken, Bewertungen, Zwängen und Gefühlen.

Den Filter auflösen

Die Kunst, nicht zu bewerten, ist erlern- und trainierbar. Wir können eine innere achtsame Haltung der Offenheit kultivieren, die sehr präzise im Kontakt mit den geistigen Geschehnissen, sich einschleichenden Bewertungen und der Wirklichkeit an sich bleibt. Es ist ein Übungsweg. Üben Sie sich darin, bewusst immer wieder die Position eines wertneutralen Beobachters einzunehmen, der die Dinge, die geschehen, lediglich betrachtet, ohne auf sie sofort mit blinder Aktivität zu reagieren oder sie durch noch mehr Gedanken und Emotionen zu verfestigen. Bemerken Sie es, wenn Sie Menschen, Situationen und Gegebenheiten kommentieren/bewerten, und nehmen Sie bewusst die Haltung eines unbeteiligten, neutralen Beobachters ein.

Auswirkung

Diese achtsame Haltung hat ganz praktische Auswirkungen auf unser Stress- und Krisenerleben: Es schwächt sich ab, denn wir beginnen, die Ereignisse in unserem Leben neutraler zu betrachten, hören auf, die Dinge zu dramatisieren, und bewahren uns durch unsere Offenheit ein großes Maß an Flexibilität. Wir erkennen die einzelnen Facetten der Situation, können adäquater reagieren, verstehen die unterschiedlichen Standpunkte der Beteiligten und können die darin enthaltenen Qualitäten in unsere Lösungsfindung mit einfließen lassen. Wir verharren nicht destruktiv auf unserem Standpunkt, sondern sind in der Lage, flexibel und konstruktiv auf die jeweiligen Anforderungen zu reagieren. Und sollte uns doch ein Ereignis aus dem Gleichgewicht bringen, was uns immer mal passieren kann, hilft uns die Achtsamkeit dabei, schneller wieder in unsere Mitte zu kommen und mit der Situation angemessen umzugehen.

Übung

Nehmen Sie in Ihrem Alltag immer wieder bewusst die Position eines wertneutralen Beobachters ein, der alles, was geschieht, auftaucht und vergeht, lediglich betrachtet. Bemerken Sie es, wenn Sie Menschen, Situationen und Gegebenheiten kommentieren/bewerten, und öffnen Sie sich erneut der Situation und einer frischen, offenen und wertneutralen Betrachtungsweise.

Neben Bewertungen gibt es noch eine Vielzahl anderer Gedanken, die uns umtreiben. Nicht selten entstehen Grübel-Schleifen und Dramatisierungsprozesse, die uns Energie kosten und doch keiner Lösung näherbringen. Wie Sie mit diesen quälenden Gedanken umgehen können, erfahren Sie im folgenden Kapitel.

Auf den Punkt gebracht:

- Unsere Wirklichkeit ist wesentlich das, was wir daraus machen, geprägt durch unsere Erwartungen, Befürchtungen, durch Erziehung, Konditionierung, Aufmerksamkeit, Sinnesfähigkeit, Kreativität und vieles, vieles mehr.
- In erster Linie dienen Bewertungen dazu, unser Überleben zu sichern, und so werden Menschen oder Situationen als angenehm oder unangenehm, gefährlich oder ungefährlich, Freund oder Feind kategorisiert.
- Auf Bewertungen folgen die passenden Emotionen wie Ärger, Wut, Angst oder Zuneigung. Auf Emotionen folgen entsprechenden Handlungen: Angreifen, Abwehren, Flüchten oder auch Gesten der Freundschaft oder liebevollen Zuneigung.
- Handlungen und Reaktionen rufen Gegenreaktionen hervor, und auch diese prägen unser Erleben der Wirklichkeit.
- Unreflektierte Bewertungen führen zu Leid.
- Wenn wir uns über unsere Bewertungsmuster und die daraus folgenden Handlungen nicht im Klaren sind, suchen wir die Lösung immer im Außen, geben anderen die Schuld und verlagern die Verantwortlichkeit auf unser Umfeld, ohne unseren eigenen Anteil wahrzunehmen.
- Achtsamkeit hilft, die Dinge neutral zu betrachten, mit dem Dramatisieren aufzuhören, und sie führt zu Offenheit und Flexibilität: Wir
    - ✦ erkennen die einzelnen Facetten der Situation und können adäquater reagieren,
    - ✦ verstehen die unterschiedlichen Standpunkte der Beteiligten und können die darin enthaltenen Qualitäten in unsere Lösungsfindung mit einfließen lassen,
    - ✦ verharren nicht destruktiv auf unserem Standpunkt, sondern sind in der Lage, wirklich flexibel und konstruktiv auf die jeweiligen Anforderungen zu reagieren.

- Bemerken Sie es, wenn Sie Menschen, Situationen und Gegebenheiten kommentieren/bewerten, und nehmen Sie bewusst die Haltung eines unbeteiligten, neutralen Beobachters ein.

Gib dem Affen keinen Zucker –
Umgang mit Gedanken und Grübelattacken

Ein Mann will ein Bild aufhängen, doch ihm fehlt ein Hammer. »Macht nichts«, denkt er sich, »mein Nachbar hat bestimmt einen für mich«, und macht sich auf den Weg zu ihm. Doch plötzlich stutzt er und überlegt: »Vielleicht mag er mir seinen Hammer auch nicht geben. Als ich ihn das letzte Mal im Treppenhaus traf, da hat er mich noch nicht einmal gegrüßt, noch nicht einmal angeschaut hat er mich! Der mag mich bestimmt nicht. Ich mein', ich hätte auch schon gehört, wie er sich bei einer Nachbarin über mich ausgelassen hat. Sehr wahrscheinlich denkt er auch noch, er sei was Besseres! Na, der kann was erleben, mir hier meinen guten Ruf kaputt zu machen und seinem Nachbarn noch nicht einmal einen Hammer leihen zu wollen!« Voller Ärger klingelt er bei seinem Nachbarn und brüllt: »Sie können Ihren Hammer behalten!«

Diese Geschichte, die ich hier frei nach Paul Watzlawicks *Anleitung zum Unglücklichsein* nacherzähle, ist ein wunderbares Beispiel dafür, was alles aus unseren Gedanken erwachsen kann. Wir kennen das: Wir liegen friedlich im Gartenstuhl, und unser Nachbar schmeißt den Rasenmäher an – selbstverständlich nur, um uns zu ärgern! Wir stehen an der Supermarktkasse, und just in dem Moment wechselt die Kassiererin die Kassenrolle. Das nehmen wir persönlich. Sie hat etwas gegen uns, sonst würde sie ja nicht gerade in diesem Moment die Papierrolle wechseln! Der Kellner bedient lächelnd alle anderen Gäste, nur bei uns lässt er sich nicht blicken, wir sind wohl nicht fein genug ... Permanent erzählen wir uns Geschichten. Großes Kino spielt sich bei uns ab und das tagtäglich. Morgens, mittags, abends, selbst nachts, wenn wir schlafen, geht es in unseren Träumen weiter. Ein unaufhörlicher Strom von selbstgesponnenen Geschichten fließt durch unseren Geist. »*Hätte ich gestern doch bloß meinen Mund gehalten. Das war aber auch ein Blödmann. Ach, eigentlich hätte ich noch viel mehr sagen sollen. Der soll sich mal nicht so anstellen! ... Was muss ich morgen noch gleich einkaufen? Ach ja, und ich muss dringend den Wagen in die Werkstatt bringen. Haben die morgen überhaupt auf? Oh, wenn das nicht klappt, habe ich ein Problem ...*« Wir sind so sehr in unseren Geschichten gefangen, die wir uns erzählen, dass wir den Kontakt zur eigentlichen Wirklichkeit verlieren und dann schnell wie der Mann mit dem Hammer reagieren. Durch unsere Geschichten bekommen Probleme ein Gesicht und eine Dynamik. Wir malen uns unsere Probleme in den schönsten Farben aus, gestalten sie, fügen neue Facetten hinzu, indem wir uns über Eventualitäten Sorgen machen. Eventualitäten, die noch gar nicht eingetroffen sind, und bei denen es fraglich ist, ob sie jemals eintreffen werden. Unser Sicherheitsbedürfnis und die Lust am Dramatisieren üben auf uns einen fast unbezwingbaren Drang aus, uns zumindest schon mal imaginär mit allen Eventualitäten auseinanderzusetzen, damit wir für alles gewappnet sind. Unser Geist liebt es, mit den Dingen zu spielen, denn es wird ihm ganz schnell langweilig. Interessant ist, dass wir uns auch noch einreden, uns damit konstruktiv mit unseren Problemen auseinanderzusetzen. Was allerdings wirklich passiert, ist, dass sich die Aktivität unseres Geistes vollkommen verselbständigt und wir, statt konstruktiv nachzudenken, im Ausschmücken, Grübeln und Dramatisieren gefangen sind. Da wachen wir morgens entspannt und ausgeruht auf, und was machen wir? Wir beginnen, über den vor uns liegenden Tag zu grübeln, was wir wem alles sagen wollen, wer sich vor uns hüten sollte, vor wem wir uns hüten müssen, woran wir alles denken müssen ... Eine riesengroße Gedanken-Grübel-Blase begleitet uns unter die Dusche. Wir sind vollkommen darin gefangen und stehen schon nicht mehr unter der Dusche, sondern sind mitten im Meeting. Manchmal wissen wir noch nicht einmal mehr, ob wir uns die Haare bereits gewaschen haben oder nicht.

Affengeist

In Nepal hatte ich Gelegenheit, frei lebende Affen eingehend zu beobachten. Die ganze Tempelanlage von Swayambunath war voll von ihnen. Überall sprangen und kullerten sie herum, immer auf der Suche nach Abenteuern. Beginnen wir uns mit unserem Geist auseinanderzusetzen und ihn zu beobachten, sehen wir, dass auch unser Geist sich wie eine Horde Affen benimmt. Aufgeregt greift er sich alles, was auch nur ansatzweise interessant erscheint. Alles wird angefasst, damit gespielt, dann wieder fallen gelassen, weil etwas Neues, viel Interessanteres auftaucht, eine wilde Jagd vom einen zum anderen entsteht. Es scheint nie genug zu sein, immer muss etwas Neues passieren, Langeweile darf nie aufkommen, Stillstand und Ruhe dürfen auf keinen Fall einkehren. Es wird gekreischt und gezetert, herumgesprungen und gebalgt.

Die wilde Jagd

Seitdem wir denken können, genießt unsere Affenhorde vollkommenen Freigang im Wildgehege unseres Oberstübchens, darf ungezügelt mit allem spielen und ist darin bestens trainiert. Doch plötzlich kommen wir an einen Punkt, an dem alles kippt. Wir liegen nachts wach, weil die Affenhorde nicht zur Ruhe kommt und die wilde Jagd, das wilde Spiel, sich auch in unserem Bett fortsetzt und uns unablässig quält. Wir kommen nicht mehr zur Ruhe. Wie sollte es auch anders sein? Haben wir uns je darum bemüht, unserer Affenhorde Manieren beizubringen, sie an Ruhe zu gewöhnen, die Dinge einfach auch mal zu lassen? Nein? Dann ist es jetzt höchste Zeit dazu. Doch leichter gesagt, als getan. Wir wollen uns aus Gedankenschleifen und Grübelattacken lösen, doch es gelingt uns nicht. Was wir auch tun, wir kommen von bestimmten Gedanken nicht los. Immer wieder tauchen sie in unserem Geist auf und scheinen in ihrer Intensität immer noch weiter zuzunehmen. Fälschlicherweise geben wir meistens den Gedanken die Schuld, uns nicht loszulassen. Doch das Gegenteil ist der Fall – wir lassen die Gedanken nicht los.

Grübelmarathon

Je entschiedener wir versuchen, gegen sie anzukämpfen, desto mehr verstärken wir sie. Sie bekommen neue Energie. Warum? Je mehr wir etwas nicht wollen, umso intensiver konzentriert sich unsere Wahrnehmung auf diese Dinge, und sie manifestieren sich nur noch stärker. Ohne dass wir es wirklich wollen, kleben wir an den Gedanken fest, sind immer angespannter, was die Aktivität unserer Gedanken wiederum noch weiter anstachelt. Wir trainieren unbewusst diese Gewohnheit des Grübelns schon jahrzehntelang, indem wir in jeder erdenklichen

Situation mit Gedanken spielen – an der Bushaltestelle, im Bett, wenn wir nicht schlafen können, beim Autofahren, Spülen, unter der Dusche, im Meeting. Stellen Sie sich vor, Ihr Geist hätte Muskeln. Er ist durch das regelmäßige Grübeltraining zu einem Marathongrübler geworden, bestens im Langzeitgrübeln trainiert und hat richtig schöne starke Muskeln ausgebildet, die das Objekt des Grübelns wunderbar festhalten können. Und jetzt auf einmal soll er damit aufhören? Wie soll das gehen?

Dramatisierungsprozesse

Schauen wir uns dazu wieder den Prozess des Denkens an, damit wir erkennen können, wie wir intervenieren können. Also, was lässt Gedanken- und Grübelketten entstehen, und wie können wir es schaffen, sie zu durchbrechen und unseren Geist zu beruhigen?
Gedanken an sich sind kein Drama. Gedanken werden immer da sein, solange wir leben. Sie steigen aus dem Nichts auf, verweilen kurz in unserem Gewahrsein und verschwinden wieder im Nichts. Beobachten wir diese Aktivität schlicht, können wir nicht erkennen, woher die Gedanken kommen und wohin sie gehen. Sie sind ein natürlicher neurologischer Prozess und die natürliche Bewegung unseres Geistes. Da wir uns aber meist mit unseren Gedanken identifizieren, fällt es uns schwer, nur die Dynamik der aufsteigenden und vergehenden Gedanken zu betrachten, ohne dass wir uns mit ihrem Inhalt auseinandersetzen. So greifen wir mental den aufsteigenden Gedanken und seinen Inhalt auf, sind entweder angetan oder abgeschreckt von ihm, reagieren darauf mit Faszination und bleiben daran kleben. Dieses Klebenbleiben lässt aus dem schlichten neurologischen Prozess neue, dazu passende Gedanken entstehen. Eine Aneinanderreihung von Bewertungen,

Meinungen, Ideen, Spekulationen, Selbstgesprächen, Bildern und Emotionen entsteht, die wir als Gedankenketten bezeichnen. Diese werden durch neue Bewertungen, Meinungen, Ideen, Spekulationen, Selbstgespräche, Bilder und Emotionen weiter angeheizt, genährt und unendlich fortgesetzt – das Drama ist geboren –, wenn wir diesen Prozess nicht stoppen. Dieser Dramatisierungsprozess erzeugt imaginäre Situationen und Probleme (die es bis dahin noch nicht gab). So trägt er erheblich zu unserem Stress- und Krisenerleben bei. Doch ist es nicht manchmal auch sehr förderlich, sich mit Dingen konkret auseinanderzusetzen und sie zu durchdenken? Es gibt einen Unterschied zwischen Grübeln und Nachdenken. Grübeln ist Denken im Kreis, vollkommen unstrukturiert und ohne konkretes Ergebnis, während Nachdenken eine gezielte geistige Auseinandersetzung mit einem Thema ist, geprägt von Konstruktivität, Struktur und größtmöglicher Objektivität. Wir haben in unserem unreflektierten Erleben meist recht wenig Autonomie gegenüber unseren Gedankenaktivitäten. Grübel- und Dramaattacken überfallen uns, übernehmen die Führung, und es ist uns oft nicht möglich, uns daraus zu befreien. Ebenso haben wir meist gar nicht die Fähigkeit ausgebildet zu entscheiden, ob wir nun nachdenken möchten oder nicht. Die Dinge passieren, ohne dass sie uns bewusst sind oder wir sie irgendwie steuern könnten. Wir grübeln, wir denken, wir träumen uns durch unseren Tag und verpassen dabei unser Leben. Wir arbeiten und träumen währenddessen vom nächsten Urlaub oder malen uns das Wochenende aus. Wir lesen unseren Kindern Geschichten vor und überlegen dabei, was wir morgen einkaufen müssen. Während wir einkaufen, grübeln wir darüber nach, wieso unsere Kollegin uns die angeforderten Korrekturen nicht gegeben hat, und unterstellen ihr Mobbing-Absichten. Dann rächen wir uns bereits im Geiste für die von ihr verschuldete potenzielle Verzögerung der Präsentation, beschweren uns bei unserem Chef und so weiter. Alles Fiktion mit der Konsequenz, dass wir keinen Freiraum für Erholung mehr haben, wir uns unnötig und rein spekulativ das Leben schwer machen und uns in unsere eigenen Dramen verstricken. Statt uns das Leben unnötig schwer zu machen, ist es jetzt an der Zeit aufzuwachen.

Denken Sie noch oder grübeln Sie schon?

Überprüfen Sie einmal, ob das, was Sie Nachdenken nennen, tatsächlich Nachdenken oder eher Grübeln ist. Erforschen Sie für sich den Unterschied. Ein sehr klassisches Merkmal des Grübelns ist, dass wir meist erst sehr spät mitbekommen, dass wir wieder mal in den Sog der Grübelspirale geraten sind. Es fällt schwer, sich daraus zu befreien. Je länger das Grübeln schon andauert, umso schwerer ist es, sich davon zu lösen. Nachdenken weist diese Sogwirkung nicht auf. Wir können sofort mit dem Nachdenken aufhören, wenn wir es möchten. Manchmal beschäftigen wir uns aber auch mit erfreulichen Themen. Wir entwerfen für uns angenehme Szenarien, auf die wir mit angenehmen Gefühlen reagieren, und versüßen uns damit langweilige Zeiten oder einen schweren Tag. Man nennt dies Tagträumen. Auch wenn damit angenehme Gefühle einhergehen, ist es die gleiche Geistesaktivität, die auch unsere Negativ-Grübelaktivität aufrechterhält. Tagträumen ist also auch eine Grübelfalle, auch wenn es dem ersten Anschein nach zunächst angenehm erscheint und unseren grauen Alltag aufzuhellen scheint.

Ausstieg aus dem Drama: die Praxis des Geistestrainings

Probleme entstehen nicht im Außen, sondern nur im Geist, und hier finden sie auch ihr Ende. Bewertungen, Gefühle, Bilder, Kommentare, Selbstgespräche, Geschichten, Krisen, Probleme – alles sind Gedanken. Flüchtig und ohne eigenständige Substanz. Sie sind wie ein Traum, eine Fata Morgana, der wir Glauben schenken und die wir für so manifest halten, dass wir ihr eine vermeintliche Wirklichkeit zugestehen. Doch ein Gedanke ist nur ein Gedanke. Er steigt auf, verweilt einen Moment in unserem Bewusstsein und vergeht wieder.

Was können Sie tun, um Ihre Gedankenketten zu unterbrechen und mehr Ruhe in Ihren Geist zu bringen? Nutzen Sie folgende Werkzeuge. Gerade bei hartnäckigen, wiederkehrenden Gedanken haben sie sich gut bewährt. Sie können sie im Rahmen Ihrer Meditation anwenden, aber auch, wenn Sie sich in Ihrem Alltag bewusst zentrieren möchten.

Den Atem zählen: Unterbrechen Sie den Gedankenfluss, indem Sie Ihre Aufmerksamkeit ganz bewusst von den Gedanken weg auf das Zählen Ihrer Atemzüge lenken. Legen Sie für sich eine bestimmte Anzahl von Atemzügen fest, die Sie zählen möchten. Empfehlenswert sind fünf bis maximal zehn Atemzüge. Zählen Sie sie ganz bewusst, Atemzug für Atemzug. Wenn Sie bei der Endzahl angekommen sind und sich in Ihrer Aufmerksamkeit noch nicht stabil genug fühlen, beginnen Sie wieder bei eins und zählen erneut bis zur Endzahl. Sollten Sie merken, dass Sie sich wieder in Gedanken verloren haben, beginnen Sie wieder bei der Zahl Eins.

Den Atem benennen: Statt zu zählen, können Sie Ihren Atem auch konkret benennen. Unterbrechen Sie Ihre Gedankenketten, indem Sie ganz bewusst (Sie brauchen etwas Disziplin dafür) mit Ihrer Aufmerksamkeit zurück zum Atem gehen. Wenn Sie einatmen, sagen Sie innerlich »Einatem«. Wenn Sie ausatmen, sagen Sie innerlich »Ausatem«. So lange, bis Sie sich wieder stabil und weniger von Ihren Gedanken mitgerissen fühlen.

Atmen Sie tief und bewusst: Das ist ein wahrer Gedankenunterbrechungsquicki! Manche Menschen nutzen diese Technik, ohne dass ihnen das konkret bewusst wäre. Lösen Sie sich von Ihren Gedanken, indem Sie tief einatmen und den Atem dann ganz ausstoßen. Es hat etwas von einem tiefen Seufzer. Bleiben Sie bei der bewussten Wahrnehmung des Atems. Dies erleichtert es, die Gedanken ziehen zu lassen. Wenden Sie sich durch diese Seufzer bewusst von Ihren Gedanken ab.

Benennen: Um ein Bewusstsein für die Denkvorgänge zu bekommen, können Sie diese auch benennen. Wenn Sie merken, dass Sie gerade träumen, berühren Sie die aufsteigenden Gedankenketten mit dem Wort »Träumen«, und bringen Sie sich zurück zum Spüren des Atems. Wenn Sie merken, dass Sie planen, bezeichnen Sie es mit dem Wort »Planen« und kommen wieder zurück zum Atem. Erkennen Sie die Aktivität Ihres Geistes, und benennen Sie sie, lösen Sie sich davon, und kehren Sie zurück zum Spüren Ihres Atems.

Diese Techniken sind nur als Hilfsmittel zu verstehen. Wenn Sie merken, dass Sie wieder stabil sind, lassen Sie diese Hilfsmittel fallen und bleiben einfach nur beim Atem oder in der offenen Präsenz des jeweiligen Augenblicks.

Auswirkungen

Mit der Zeit werden Sie sich auf diese Weise im Loslassen und Entspannen trainiert haben, so dass es Ihnen zunehmend leichter fällt, sich nicht mehr wie gewöhnlich von den Gedanken fortreißen zu lassen. So erlangen Sie wirkliche Gestaltungsfähigkeit in Ihrem Alltag und ersticken die Entwicklung und Verschlimmerung von Krisen und Problemen schon im Keim. Ihr Geist findet zu seiner natürlichen Klarheit und Entspanntheit zurück. Selbstverständlich ist dies ein Prozess. An manchen Tagen können wir diese innere Haltung bewahren, und an manchen Tagen werden wir unaufhaltsam von Wellen quälender Gefühle davongetragen. Wie Sie in diesem Fall mit solchen Gefühlen umgehen können, erfahren Sie im folgenden Kapitel.

Auf den Punkt gebracht:

- Wir sind oft so sehr in unseren Geschichten gefangen, die wir uns erzählen, dass wir den Kontakt zur eigentlichen Wirklichkeit verlieren.
- Durch unsere Geschichten bekommen Probleme ein Gesicht und eine Dynamik.
- Unser Sicherheitsbedürfnis und die Lust am Dramatisieren üben auf uns einen oft unbezwingbaren Drang aus, uns bereits im Vorfeld imaginär mit allen Eventualitäten auseinanderzusetzen.
- Statt konstruktiv nachzudenken, sind wir im Ausschmücken, Grübeln und Dramatisieren verstrickt. Grübeln und Träumen sind eine Gewohnheit, die wir jahrzehntelang trainiert haben. Wir sind zu einem Marathongrübler geworden, bestens im Langzeitgrübeln trainiert.
- Je entschiedener wir versuchen, gegen Gedanken anzukämpfen, desto mehr verstärken wir sie.
- Gedanken werden immer da sein. Sie sind ein natürlicher neurologischer Prozess und die natürliche Bewegung unseres Geistes.
- Der Dramatisierungsprozess, bestehend aus einer Aneinander-

reihung von Bewertungen, Meinungen, Ideen, Spekulationen, Selbstgesprächen, Bildern und Emotionen, trägt erheblich zu unserem Stress- und Krisenerleben bei.
- Der Unterschied zwischen Grübeln und Nachdenken:
  + Grübeln ist Denken im Kreis, unstrukturiert und ohne konkretes Ergebnis, schwer oder gar nicht zu stoppen.
  + Nachdenken ist eine gezielte geistige Auseinandersetzung mit einem Thema, geprägt von Konstruktivität, Struktur und größtmöglicher Objektivität, und ist sofort beendbar.
- Tagträumen ist eine Grübelfalle, auch wenn es dem ersten Anschein nach zunächst angenehm ist und unseren grauen Alltag zu erhellen scheint.
- Ausweg: Durch Training des Geistes mit dem Drama aufhören. Gedankenketten unterbrechen, sich bewusst und aktiv daraus lösen und davon distanzieren.

Einmal Hölle und zurück –
Vom heilsamen Umgang
mit starken Gefühlen

Ein Samurai kam zu einem Zen-Meister und bat ihn darum, ihm den Unterschied zwischen Himmel und Hölle zu zeigen. »Glaubst du, dass ein Unwürdiger wie du, ein Nichtsnutz, solche Lehren verstehen könnte? Du Sohn eines Ochsen! Dumm und zurückgeblieben wie du bist, kannst du deinem Stand keine Ehre machen«, beschimpfte ihn der Meister. Tief in seiner Ehre gekränkt, hob der Samurai wutentbrannt sein Schwert und ließ es auf den Meister niedersausen. »Halt!«, rief der Meister, und der Samurai hielt inne. »Dies war die Hölle!«, sagte der Meister. Der Samurai fiel demütig, mit Tränen in den Augen vor ihm auf die Knie und küsste vor Dankbarkeit und Liebe die Hände des Meisters. »Und das mein Sohn, ist der Himmel«, sprach der Meister lächelnd.

Himmel und Hölle liegen nah beieinander, wie diese bekannte Zen-Geschichte zeigt. Sie sind der abendländische Inbegriff für unsere dualistische Wahrnehmung der Welt. Jean-Paul Sartre bemerkte in seinem Theaterstück *Geschlossene Gesellschaft*: »*Die Hölle – das sind die anderen!*« Auf den ersten Blick mag das auch stimmen, denn würde es uns nicht phantastisch gehen, wenn da nicht die anderen wären? Keiner würde uns ärgern oder wie den Samurai zur Weißglut bringen. Wirklich keiner? Was wäre mit uns? Kommen wir immer prima mit uns selbst aus, oder gibt es auch Zeiten, in denen auch wir selbst es uns nicht recht machen können? Wie entstehen solche Gefühle und woher kommen sie?

Manchmal wachen wir morgens auf, und der Tag ist schon gelaufen, ohne dass irgendjemand unseren Weg gekreuzt hätte. Es ist natürlich leichter, dem Wetter oder der Stellung des Mondes die Schuld an unserer Laune zu geben, als anzunehmen, dass diese das Produkt unserer eigenen Geistesaktivität ist. Leiden ist das, was wir daraus machen, so auch mit den Gefühlen.

Samsara

In den klassischen buddhistischen Lehren ist von den acht weltlichen Dharmas die Rede, vier Gegensatzpaaren, die uns im Kreislauf des Leidens, also in unserem Problemerleben gefangen halten. Es sind Gefühle von Vergnügen und Schmerz, Gewinn und Verlust, Lob und Tadel, Ruhm und Schande. Ob wir wollen oder nicht, diesen Gegebenheiten begegnen wir in unserem Leben immer wieder. Normalerweise versuchen wir, schmerzliche Gefühle mit aller Kraft zu vermeiden, dafür aber umso mehr Vergnügen zu erleben. Gewinn zu erleben ist ebenfalls hoch angesehen, Verlust zu erleben jedoch gehört wieder zu den geächteten Erfahrungen, denn keinesfalls möchten wir das, was wir uns so hart erkämpft haben, verlieren. Lob ist prima, genauso Ruhm. Es fühlt sich toll an, gelobt zu werden, Erfolg zu haben. Wir können süchtig nach Anerkennung werden und stürzen im Gegensatz dazu regelrecht ab, wenn wir getadelt werden oder Schande erleben. Der Glaube, dass sich irgendwo in unserem Leben dauerhaftes Glück finden ließe und alle Probleme zu vermeiden wären, ist ein Irrtum. Dieser Irrtum wird *Samsara* genannt, ein Teufelskreis von Anhaftung und Ablehnung – die Ursache aller unserer quälenden Erfahrungen.

Gefühle gehören zu unserem Leben. Es läuft nichts falsch, wenn ich wütend oder traurig bin, ängstlich oder verzweifelt. Es ist wichtig, diese Gefühle nicht zu verleugnen, da wir nur dann für uns sorgen können. Es ist jedoch genauso wichtig, ihnen nicht mehr Aufmerksamkeit zu schenken als nötig – und das ist in unserem gewohnheitsmäßigen Dramatisieren von Dingen und Ereignissen der springende Punkt.

Unsere gefühlsmäßigen Schwankungen hängen von den geistigen Prägungen ab, die unsere Wahrnehmung von der Welt färben. So bewegen wir uns in einer durch und durch subjektiven Wirklichkeit, gefärbt durch gefühlsbasierte Reaktionen, die permanent in uns ausgelöst werden. So kann zum Beispiel die Bemerkung »Du siehst müde aus« sehr unterschiedliche Auswirkungen haben. Wir können bei dieser Bemerkung ein Gefühl von Bestätigung, Zufriedenheit und Vorfreude aufs Bett erleben, da wir tatsächlich müde sind und wir es uns nun guten Gewissens erlauben, ins Bett zu gehen. Wir können diese Bemerkung allerdings auch zum Anlass nehmen, uns zu ärgern, weil wir uns in unserem Selbstbild, unserem Image von Schönheit, Ausstrahlung, Leistungsvermögen und Vitalität angegriffen fühlen.

Den ganzen lieben langen Tag reagieren wir so auf unser Umfeld. Auf alles, was passiert, reagieren wir mit Bewertung, Ablehnung, Anziehung und den daraus entstehenden Gefühlen. Wenn wir uns mit diesem permanenten Spiel nicht auseinandersetzen und es erforschen, bleiben wir in unreflektiertem Reagieren gefangen und sind unseren Gefühlen hilflos ausgeliefert.

Die Natur der Gefühle

Aus buddhistischer Sicht sind Gefühle nichts anderes als vergängliche Phänomene unseres Geistes, die ähnlich wie das Wetter aufsteigen, eine Zeit lang unseren Himmel überziehen und dann wieder verschwinden. Das heißt, Gefühle haben keine eigenständige, feste Natur. Sie entstehen in Abhängigkeit von bestimmten Gegebenheiten. Naturwissenschaftlich lässt sich das sehr gut nachvollziehen, denn Emotionen, Gefühle entstehen aufgrund einer Kette von neurologischen und hormonellen Prozessen im Körper, die Impulse auslösen, sich dann als Gefühle ausdrücken, die wiederum weitere Prozesse und Impulse in Gang bringen.

Erscheinungsbild

Gefühle nehmen wir für gewöhnlich erst dann wahr, wenn sie sehr stark geworden sind und auch körperlich spürbar werden. Uns wird heiß, die Muskulatur verkrampft sich, das Herz schlägt schneller, der Magen fühlt sich an, wie mit Steinen gefüllt, die Brust ist beengt, und unsere Schultern tragen schwer unter der Last. Diese körperlichen Erscheinungen machen es uns nicht gerade leicht, Gefühle als substanzlose Phänomene zu betrachten.

Kreislauf der Verstärkung

In der Regel versuchen wir, die quälenden Gefühle möglichst schnell wieder loszuwerden, d. h., wir reagieren mit Ablehnung auf sie, was wiederum neue Gefühle wie Ärger, Angst, Ungeduld oder Wut in uns auslöst. Es kommt ein Kreislauf in Gang, der die Gefühle noch mehr verstärkt, anstatt sie abzuschwächen. Dies scheint eine durchaus verständliche Reaktion zu sein: Es passiert etwas, was wir nicht wollen, und wir setzen alles daran, dass das, was wir nicht wollen, wieder verschwindet. So bekommt der unerwünschte Zustand jedoch noch mehr Kraft. Er verfestigt sich, indem wir ihm zu viel Aufmerksamkeit schenken, uns von den Gefühlen hinreißen lassen, uns mit ihnen identifizieren *(»Ich bin wütend!«)*, und damit richten wir meistens noch viel größeres Unheil an.

Wie können wir mit diesen starken und quälenden Gefühlen umgehen, ohne dass wir oder unser Umfeld Schaden daran nehmen, ohne dass wir die Gefühle unterdrücken und sie sich dann psychosomatisch Ausdruck verschaffen. Oder wir sie ausagieren und sie damit zur Verstärkung der problematischen Situation beitragen oder zu Auslösern erneuter Krisen werden?

Der Buddhismus bietet uns eine Alternative zu den herkömmlichen Herangehensweisen des Ausagierens oder Unterdrückens. Er verweist auf die Quelle unserer Gefühle – unsere Gedanken – und bietet uns Möglichkeiten an, tiefgreifende Veränderungen im Erleben zu kultivieren. Achtsamkeit ist der Schlüssel dazu.

Mit Dämonen umgehen lernen

Vielleicht erleben Sie gerade eine Situation, in der Sie schnell mit starken Gefühlen wie beispielsweise Wut reagieren. Nutzen Sie diese Situation, um sich darin zu üben, mit Ihren Gefühlen einmal anders, heilsamer umzugehen. Die Achtsamkeit hilft Ihnen dabei.

Nehmen Sie dazu die Haltung eines vorurteilsfreien Beobachters ein, der lediglich registriert, was gerade passiert. Was für ein Gefühl können Sie wahrnehmen? Wo in Ihrem Körper manifestiert es sich? Wie reagiert Ihre Muskulatur, verkrampft sie oder reagiert sie mit Schwäche? Nehmen Sie achtsam alle aufkommenden Impulse wahr, seien es Gedanken, Bewertungen und Handlungswünsche, wie beispielsweise schreien, weglaufen oder angreifen zu wollen. Nehmen Sie alles nur wahr, ohne handelnd darauf zu reagieren.

Vielleicht erkennen Sie Ihre Tendenz, sich zu schützen, weil Sie sich angegriffen und bedroht fühlen, doch folgen Sie diesen Impulsen nicht. Üben Sie sich stattdessen in Geduld und der absoluten Annahme der Situation. Vermeiden Sie Beteiligten gegenüber jegliche Rechtfertigung, Verteidigung oder jegliches manipulative Verhalten. Finden Sie stattdessen einen konstruktiven Weg, Ihre Gefühle den Beteiligten gegenüber als Feedback auszudrücken, ohne sich in Schuldzuweisungen und Dramatisierung zu ergehen und damit neuen Nährboden für unheilsame Gefühle zu bieten.

Beobachten Sie, was passiert, wenn Sie nichts tun und sich stattdessen nur Ihrem Atem zuwenden. Vielleicht mögen Sie sich die Hand auf den Bauch legen, um so den Atem besser zu spüren. Richten Sie Ihre Aufmerksamkeit auf die Empfindung Ihrer Hand oder Ihrer Bauchdecke, während Sie den Atem wahrnehmen. Wenn Sie den Atem in der Bauchregion nicht wahrnehmen können, vielleicht spüren Sie ihn ja in der Kehle, an der Nasenspitze oder im Brustraum. Bleiben Sie dort mit Ihrer Aufmerksamkeit, wo Sie den Atem gut spüren können, und atmen Sie. Bleiben Sie bei sich, bleiben Sie bei Ihrem Atem. Lösen Sie sich von Ihren Gedanken, und kehren Sie immer wieder zum Atem zurück. Es mag sein, dass Sie das Gefühl haben, die Gedanken saugten Sie auf, und es Ihnen kaum möglich ist, beim Atem länger als den Bruchteil einer Sekunde zu verweilen. Üben Sie trotzdem weiter. Kommen Sie immer wieder zurück zu Ihrem Atem, und schauen Sie, was passiert. Wie verändert sich Ihre Stimmung, Ihre Gedankenaktivität, die Intensität des Gefühls?

Was auch immer Sie tun oder nicht tun, es geht nicht darum, das Gefühl weghaben zu wollen. Das erhöht nur seine Kraft. Versuchen Sie vielmehr eine Haltung von Neugier, Forschergeist und Offenheit zu entwickeln. Sie sind jetzt Ihr Forschungsobjekt. Sie möchten lernen, mit den Dingen anders umzugehen, und auf diesem Weg befinden Sie sich jetzt. Aus diesem Grund heißen Sie die vor Ihnen liegende Situation willkommen, denn sie ist Ihr praktisches Forschungs- und Übungsfeld. Erforschen Sie, was geschieht, wenn Sie sich gegen das Gefühl stellen und es weghaben wollen, und was geschieht, wenn Sie mit dem Gefühl in einer akzeptierenden offenen und annehmenden Art und Weise umgehen. Nehmen Sie wahr, ob das Gefühl sich dadurch jeweils verändert.

Versuchen Sie, innerlich so weit und offen zu werden wie der Himmel. Vielleicht hilft es Ihnen, wenn Sie in den Himmel schauen und sich mit seiner offenen Weite verbinden und sich von ihm inspirieren lassen. Üben Sie sich in einem fortwährenden Loslassen der Gedanken durch die Ausrichtung auf den Atem, und geben Sie sich Raum über die Ausatmung. Kehren Sie immer wieder zurück zum Atem.

Erkennen Sie die Flüchtigkeit, die Vergänglichkeit der Situation. Lassen Sie sich von der Situation nicht faszinieren, und hören Sie auf, sie zu dramatisieren.

Setzen Sie die Situation, die sie jetzt so aufwühlt, experimentell in einen neuen zeitlichen Zusammenhang. Hat diese Situation, wenn Sie sich in zehn Jahren daran erinnern, für Sie dann wohl noch die gleiche aufreibende Qualität und Wichtigkeit? Was passiert, wenn Sie dem Gefühl das Objekt entziehen? Beobachten Sie beispielsweise, was passiert, wenn Sie das Objekt, über das Sie sich gerade aufregen, aus Ihrer Aufmerksamkeit entfernen, indem Sie Ihre Aufmerksamkeit auf etwas anderes richten oder es sich in Ihrer Vorstellung auflösen lassen. Was passiert dann mit Ihrer Wut?

Mit der Zeit der Übung lassen starke Gefühle nach. Durch die verfeinerte Achtsamkeit nehmen wir schneller wahr, was in unserem Körper und Geist geschieht, und beginnen ganz automatisch, die Situation mit dem Atem zu durchlüften, geben uns Raum in engen Situationen und lassen sie sich schneller wieder auflösen. Wir nehmen uns selbst aus dem selbstgeschaffenen Drama heraus, und damit beruhigen sich auch unsere Gefühle.

Notfallplan Sanftheit

Es wird uns gerade am Anfang nicht immer möglich sein, in der hier beschriebenen Weise gerade mit starken, uns überwältigenden Gefühlen umzugehen. Vielleicht fallen wir in alte Muster zurück, schmeißen Tassen, schreien herum und können einfach nicht anders. Das kann uns immer wieder passieren. Wenn Sie das bemerken, üben Sie Mitgefühl mit sich. Versuchen Sie, sanft mit sich umzugehen und diesen Zustand liebevoll anzunehmen, wie eine Mutter, die ihr verzweifeltes Kind liebevoll in den Arm nimmt.
Schauen Sie, wie Sie für sich selbst sorgen können. Manchmal ist schon viel getan, wenn man das Zimmer mit der dicken Luft verlassen kann. Vielleicht ist es Ihnen auch möglich, eine Runde spazieren zu gehen oder ein paar Tränen fließen zu lassen, wenn Ihnen danach ist. Was auch immer passiert, Sie üben, es muss nichts perfekt sein. Solange Sie merken, was passiert, und sich weiterhin bemühen, sind Sie auf dem Weg.

Auf diese Weise können wir mit der Zeit lernen, mit starken, uns quälenden Gefühlen heilsamer umzugehen. Sanftheit ist ein kraftvolles Mittel, gerade wenn wir nicht mehr weiterwissen. Wie Sie diese Sanftheit, liebende Güte und dieses Mitgefühl in Ihrem Alltag kultivieren können, erfahren Sie im folgenden Kapitel.

Auf den Punkt gebracht:

- Die acht weltlichen Dharmas: Vergnügen und Schmerz, Gewinn und Verlust, Lob und Tadel, Ruhm und Schande.
- Anhaftung und Ablehnung sind die Ursachen aller quälenden Erfahrungen.
- Gefühle gehören zu unserem menschlichen Leben. Es ist wichtig, sie nicht zu verleugnen, da wir nur dann für uns sorgen können. Es ist jedoch genauso wichtig, ihnen nicht mehr Aufmerksamkeit zu schenken als nötig.
- Wir reagieren auf alles mit Bewertung, Ablehnung, Anziehung und daraus entstehenden Gefühlen.
- Wenn wir uns mit diesem Prozess nicht auseinandersetzen und ihn erforschen, bleiben wir in unreflektiertem Reagieren gefangen und sind unseren Gefühlen hilflos ausgeliefert.
- Gefühle haben keine eigenständige, feste Natur. Sie entstehen in Abhängigkeit von Gegebenheiten.
- Umgang mit Gefühlen:
  - Achtsamkeit: Nehmen Sie in einer akuten Situation die Haltung eines vorurteilsfreien Beobachters ein, der lediglich registriert, was passiert.
  - Üben Sie sich in Geduld und der absoluten Annahme der jeweiligen Situation.
  - Beobachten Sie, was passiert, wenn Sie nichts tun und sich nur Ihrem Atem zuwenden. Bleiben Sie bei sich, bleiben Sie bei Ihrem Atem. Lösen Sie sich von Ihren Gedanken, und kommen Sie immer wieder zum Atem zurück.

- Was auch immer Sie tun oder nicht tun, es geht nicht darum, die Gefühle weghaben zu wollen. Das würde nur ihre Kraft verstärken. Entwickeln Sie vielmehr eine Haltung von Neugier, Forschergeist und Offenheit.
- Erkennen Sie die Flüchtigkeit, die Vergänglichkeit der Situation. Lassen Sie sich von der Situation nicht faszinieren.
- Hören Sie auf zu dramatisieren.

Den Kern berühren –
durch Liebende Güte und Mitgefühl

Wenn wir Liebende Güte entwickeln, dann schulen wir uns zuerst darin, aufrichtig, liebevoll und barmherzig zu uns selbst zu sein. Statt die Selbstverachtung zu nähren, beginnen wir eine klarsichtige Freundlichkeit zu kultivieren.

PEMA CHÖDRÖN

Was machen Sie, wenn Sie das Gefühl haben, mit der Situation nicht mehr klarzukommen, wenn Ihnen der Boden unter den Füßen wegbricht und Ihr ganzes Leben von starken Gefühlen, von Stress, Verwirrung und Unklarheit geprägt ist? Am liebsten würden Sie dann vermutlich weglaufen, Türen knallen, Tassen schmeißen, rumschreien, kündigen oder sich im Bett verkriechen. Was sind Ihre typischen Stressreaktionen? Machen Sie sich dicht, kapseln Sie sich ein, verschließen Sie sich, oder blasen Sie zum Angriff?

Diese Stressreaktionen sind ein Signal für uns, dass wir feststecken. Sie zeigen uns, dass wir uns verschließen und uns schützen wollen. Dies ist unser Signal, dass es nun für uns an der Zeit ist, den Umkehrpunkt zu finden und die Situation heilsam zu nutzen, indem wir durch sie unsere Qualitäten entwickeln.

Eine der Grundlagen der buddhistischen Lehre ist es, niemandem Leid zuzufügen – weder uns selbst noch anderen. Die Basis dieser Gewaltlosigkeit ist die Praxis der Achtsamkeit. Achtsamkeit hilft uns, zu erkennen, wo wir feststecken. Sie hilft uns, zu erkennen, auf welche Weise wir uns und anderen Schaden zufügen. Durch sie erkennen wir erst unsere ganzen emotionalen Verstrickungen, Meinungen, Bewertungen und Ideen. Wir erkennen unseren selbstgerechten Zorn, unsere Gier, unseren Hass, unsere Verschlossenheit, die wir normalerweise vor uns und anderen schön verborgen halten, indem wir den Anschein erwecken, liebevolle, ausgeglichene, loyale und großzügige Menschen zu sein. Erst durch tiefere Erkenntnis, durch unsere Ehrlichkeit uns selbst gegenüber, durch unsere vorbehaltlose, urteilsfreie Achtsamkeit kommen wir in die Lage, mit den Dingen anders umzugehen. Und zwar auf eine heilsame Art und Weise.

Ablehnung

Manchmal denken wir, wir wären attraktiver, wenn wir Yoga üben, joggen oder wenigstens etwas abnehmen würden. Wenn wir mehr Allgemeinwissen hätten, wären wir eine interessantere Gesprächspartnerin. Wenn wir einfach nur etwas ruhiger wären, wären wir glücklicher. Dieses Denken ist nichts anderes als eine Abwertung und Ablehnung unserer selbst, so wie wir gerade in diesem Moment sind. Ohne dass es uns bewusst wäre, gehen wir auf diese Weise nicht gerade liebevoll mit uns um und reagieren darauf mit Traurigkeit, Ärger und Ungeduld. Wir können uns an unserem Zustand nicht freuen. Schauen wir in den Spiegel, sehen wir nur, was fehlt, und nicht, was da ist. Wir erleben Mangel.

Frieden schließen

Liebende Güte zu kultivieren bedeutet, uns voll und ganz so anzunehmen, wie wir jetzt sind. Es bedeutet, mit uns auf einer tiefen Ebene Freundschaft zu schließen. Nur so können wir in authentischen Kontakt mit uns und unserem Umfeld kommen. Dieser authentische Kontakt ermöglicht Heilung. Und auch dazu müssen wir nicht erst ein besserer Mensch geworden sein. Wir können ruhig ärgerlich, zornig, hilflos, traurig, gestresst, ängstlich oder wütend sein. Liebe und Mitgefühl zu kultivieren bedeutet, genau jetzt, mit all den saftigen Missständen in unserem Leben anzufangen. Stellen Sie sich Ihre Probleme, Ihren Stress, Ihre starken Emotionen und Widerstände wie Blumendünger vor. Er riecht zwar etwas streng, doch richtig eingesetzt fördert er gesundes Wachstum. Das ist Ihr Potenzial, ganz wach zu werden und zu lernen, was Leiden reduziert, was Ihren Stress mindert, ohne dass Sie die unvollkommene Welt (die Sie nun mal umgibt) aussperren oder sich einen extra gepanzerten Kokon zulegen müssten. Liebe und Mitgefühl bedeuten, in authentischen Kontakt mit uns selbst zu kommen und im Brennpunkt unserer Aufgewühltheit zu bleiben. Was uns helfen kann, um in diesen Kontakt zu kommen, sind Freundlichkeit, Präzision und Offenheit.

Den Kern berühren

Freundlichkeit bedeutet dabei, sich selbst gegenüber die Bereitschaft aufzubringen, gütig und mitfühlend zu sein. Präzision hilft uns, die Dinge, wie sie sind – unsere Emotionen, Blockaden und ihre Auswirkungen –, klar zu sehen. Offenheit ist unsere Bereitschaft, uns den Dingen, die geschehen und uns berühren, tatsächlich zu öffnen und uns von ihnen berühren zu lassen. Erst in dieser Berührung offenbart sich uns die ihnen innewohnende Weisheit. Es ist, wie in das Innere einer Blüte zu gelangen, zu dem, was normalerweise verborgen, zart und damit unberührbar ist. Wenn wir dauernd vor allem weglaufen, können wir nicht in Kontakt mit dem unmittelbaren Moment kommen, können nicht entdecken, warum wir weglaufen und was wir meinen, schützen zu müssen. Wenn wir weglaufen, berauben wir uns unserer Chance, tatsächlich mit unseren Krisen zu arbeiten und dauerhaft an ihnen zu wachsen. Wir entwickeln Qualitäten nur durch Training. Vermeiden wir jegliches Training, entwickeln wir auch keine Qualitäten.

Demaskierung

In dem Maße, in dem wir Kontakt aufnehmen zu uns selbst, zu unseren Gefühlen, zu dem, was wir an uns nicht mögen, und damit Freundschaft schließen, erlangen wir die Fähigkeit, auch mit anderen authentischen Kontakt aufzubauen. Wir haben die Angst vor Berührung überwunden, brauchen uns nicht mehr vermeintlich zu schützen, und haben unseren Panzer abgelegt. Wir wissen, wie es sich anfühlt, wütend zu sein, Angst zu haben, uns verteidigen zu wollen, und erkennen bei anderen die gleichen Tendenzen und das Leid, das es in ihnen auslöst. Wir wissen, dass jeder diese Gefühle empfindet. Wir brauchen uns nicht mehr zu verstecken und können andere einladen, auch ihre Maske abzulegen. Das lässt uns einander näherkommen. Plötzlich erkennen wir größere Zusammenhänge. Erkennen, dass Dinge, die wir normalerweise total persönlich genommen haben, nur wenig oder gar nichts mit unserer Person zu tun haben. Sie resultieren nur aus den Reaktionen von in starken Emotionen und Verwirrungen gefangenen Menschen, die selbst auch nichts anderes wollen, als einfach nur glücklich zu sein und Schmerz und Leid zu vermeiden. Aus Angst vor der Berührung des wahren Kerns werden Türen geknallt, Tassen geschmissen, scharfe, unangemessene Worte benutzt, wird gemobbt, geneidet, manipuliert und gedemütigt.

Metta und Karuna

Liebende Güte *(Metta)* und Mitgefühl *(Karuna)* sind zentrale Begriffe der buddhistischen Geistesschulung. Während wir mit Liebe normalerweise eine anhaftende oder auch romantische Variante verbinden, ist das kennzeichnende Merkmal der Liebe im buddhistischen Kontext ihre Selbstlosigkeit, also eine Liebe, die auf das Glück aller Lebewesen ausgerichtet und frei von Anhaftung ist, geprägt von Akzeptanz und Wertfreiheit. Mitgefühl sollte nicht mit Mitleid verwechselt werden. Mitgefühl ist das tiefe, auf eigenen Erfahrungen beruhende Wissen von der Entstehung des Leidens und dem Zusammenhang der Erscheinungen (Weisheit), gepaart mit einer mitfühlenden Verbundenheit allen Lebewesen gegenüber. Mitgefühl und Weisheit sind untrennbar.

Ausrichtung und Übung

Es ist uns vielleicht nicht immer möglich, uns direkt aus destruktiven Verhaltensmustern zu befreien und uns liebevoll und mitfühlend zu verhalten. Wir können nicht immer einfach den Schalter umlegen, da unsere Gewohnheiten und Tendenzen sehr stark sind. Aber wir können die Motivation entwickeln, uns in eine heilsame Richtung zu entwickeln. Der Buddhismus nutzt dazu die vier grenzenlosen Kontemplationen *(Brahmavihara):*

Mögen alle Lebewesen glücklich sein.
Mögen sie frei von Leid und dessen Ursachen sein.

*Mögen sie nie von der wahren, leidfreien Freude
   getrennt sein.
Mögen sie frei von Anhaften und Ablehnen in großem
   Gleichmut verweilen.*

Sie unterstützen uns, diese heilsame Ausrichtung zu kultivieren und uns mit den Qualitäten von Liebender Güte, Mitgefühl, Mitfreude und Gleichmut zu verbinden.

Anwendung

Diese vier Kontemplationen sind sehr hilfreich, wenn wir merken, dass wir gerade keine Lösung parat haben, wir feststecken, uns selbst und andere nicht verstehen, unglücklich sind oder sehen, dass andere vollkommen verstrickt und unglücklich sind. Sie wissen so gut wie ich, dass wir manchmal wirklich merkwürdige Dinge tun, damit unser Leid ein Ende hat und wir irgendwie die Kontrolle behalten. Wir schreien andere an, zetteln einen Streit an, essen oder trinken zu viel oder zu wenig, sehen zu viel fern, bestrafen uns selbst, bestrafen unsere Kinder und Partner, verhängen Sanktionen, reden schlecht über andere, sind nicht ganz ehrlich, machen Überstunden, schieben Verantwortung von uns oder übernehmen zu viel davon ... die Liste ließe sich endlos fortsetzen – doch all das macht uns nicht wirklich glücklich. Manchmal wissen wir einfach keine andere Möglichkeit, wissen nicht, wie wir glücklich werden können. Die Wünsche der Kontemplation sind keine Zauberformel, aber sie geben unserem Geist eine heilsame Ausrichtung, bringen ihn auf die Spur von Liebe und Mitgefühl. Und anstatt also das nächste Mal loszuschimpfen, erinnern Sie sich doch einfach mal an diese vier Sätze. Experimentieren Sie in jeder erdenklichen Situation damit, sprechen Sie sie in Gedanken immer wieder aus. Beginnen Sie zu verstehen, dass wir alle die Möglichkeit haben, uns auf heilsames Handeln auszurichten. Die Voraussetzung ist unser Wunsch, heilsam handeln zu wollen, anstatt den üblichen destruktiven Mustern weiter blind reaktiv zu folgen. Mögen alle Lebewesen glücklich sein – und dazu gehören auch Sie.

Mit Inspiration im Alltag üben

Sie können auch eigene Wünsche formulieren wie beispielsweise:

> *Möge ich einen heilsamen Weg finden, glücklich zu sein.*
> *Mögen alle Lebewesen einen heilsamen Weg finden, glücklich zu sein.*
> *Mögen alle ihre heilsamen Qualitäten entwickeln und anderen helfen können, glücklich zu sein.*
> *Mögen allen Lebewesen heilsame und konstruktive Lösungen für ihre aktuellen Probleme einfallen, welche die Wurzel des Leidens kappen, und mögen sie sich dann glücklich entspannen können. Möge ich einen heilsamen und praktikablen Weg aus meiner alltäglichen Stressspirale finden. Möge ich alles erhalten, was ich jetzt gerade brauche und mir zutiefst wünsche.*
> *Möge dies auch anderen zuteilwerden.*

Das kann bei Letzterem ein guter Kaffee oder ein heißer Tee sein, ein aufmerksamer Zuhörer, ein tröstendes Wort, ein wichtiges Detail bei einem Projekt, eine Inspiration, eine hilfreiche Formulierung, die uns hilft, uns zu öffnen und zu entspannen ... wünschen Sie, was auch immer gebraucht wird. Wir müssen auch nicht immer eine Lösung parat haben, es kann reichen, einfach den Wunsch offen zu formulieren.

Auswirkungen

Diese Wünsche stärken Ihre geistige Kraft sowie eine liebevollere und mitfühlendere Geisteshaltung, und damit öffnet sich ein Potenzial, das sonst in unserer kleinen, begrenzten egobezogenen Welt oftmals eingesperrt ist: das Potenzial, über unseren Tellerrand zu schauen, Krisen und die Misere unseres Alltags in einem größeren Zusammenhang zu sehen, aufzuhören, immer neue Dramen zu schaffen, pfleglicher mit uns und unserem Umfeld umzugehen, Aufschaukelungsprozesse zu vermeiden, Wogen zu glätten und mit der Zeit Leid und Stressempfinden von der Wurzel her zu reduzieren bzw. ganz aufzulösen.

Nachdem Sie in den vergangenen Kapiteln Grundlagen des buddhistischen Stress- und Krisenmanagements kennengelernt haben, möchte ich Ihnen im zweiten Teil des Buches anhand von Alltagssituationen die praktische Anwendung der Werkzeuge vorstellen.

Auf den Punkt gebracht:

- Eine wichtige Grundlage der buddhistischen Lehre ist es, niemandem Leid zuzufügen – weder uns selbst noch anderen.
- Basis dieser gewaltlosen Haltung ist die Praxis der Achtsamkeit.
- Achtsamkeit hilft zu erkennen, auf welche Weise wir uns und anderen Schaden zufügen.
- Liebende Güte zu kultivieren bedeutet, uns voll und ganz so anzunehmen, wie wir jetzt sind, und mit uns auf einer tiefen Ebene Freundschaft zu schließen. Nur so können wir in authentischen Kontakt mit uns und unserem Umfeld kommen.
- Hilfsmittel: Freundlichkeit, Präzision und Offenheit

- ✦ Freundlichkeit bedeutet, sich selbst gegenüber die Bereitschaft aufzubringen, gütig und mitfühlend zu sein.
- ✦ Präzision hilft, die Dinge – unsere Emotionen, Blockaden und ihre Auswirkungen – so, wie sie sind, klar zu sehen.
- ✦ Offenheit ist die Bereitschaft, uns zu öffnen und berühren zu lassen.
- Wenn wir immer wieder vor Schwierigkeiten davonlaufen, berauben wir uns der Chance, tatsächlich mit den Krisen zu arbeiten und an ihnen zu wachsen.
- Wir entwickeln Qualitäten nur durch Training. Vermeiden wir jegliches Training, entwickeln wir auch keine Qualitäten.
- Liebende Güte *(Metta)* und Mitgefühl *(Karuna)* sind zentrale Begriffe der buddhistischen Geistesschulung:
  - ✦ Liebende Güte: Selbstlosigkeit, auf das Glück aller fühlenden Wesen ausgerichtet, frei von Anhaftung, geprägt von Akzeptanz und Wertfreiheit
  - ✦ Mitgefühl: tiefes, auf eigenen Erfahrungen beruhendes Wissen von der Entstehung des Leidens und dem Zusammenhang der Erscheinungen (Weisheit), gepaart mit einer mitfühlenden Verbundenheit allen Lebewesen gegenüber; Mitgefühl und Weisheit sind untrennbar.
- Durch die vier grenzenlosen Kontemplationen *(Brahmavihara)* entwickeln wir
  - ✦ Qualitäten von Liebender Güte, Mitgefühl, Mitfreude und Gleichmut,
  - ✦ die Fähigkeit, Krisen in einem größeren Zusammenhang zu sehen,
  - ✦ unsere Dramen zu reduzieren,
  - ✦ fürsorglicher mit uns selbst und unserem Umfeld umzugehen,
  - ✦ Aufschaukelungsprozesse zu vermeiden, Wogen zu glätten und
  - ✦ mit der Zeit Leid und Stressempfinden von der Wurzel her zu reduzieren bzw. ganz aufzulösen.

Teil II
Den Alltag gestalten

Mit Katastrophen leben –
Vom Umgang mit alltäglichen Problemen

*Ohne Herausforderungen und Provokationen wäre es
unmöglich, Geduld zu entwickeln. Und ohne Wesen, die
Leid erfahren, könnten wir kein Mitgefühl entwickeln.
Genauso gäbe es ohne Mangel und Armut keine
Freigebigkeit, ohne Begierde und Anhaften keine
Disziplin und so weiter ...*

GENDÜN RINPOCHE

Chaos-Morgen

Sie sind müde, denn Sie haben die ganze Nacht kaum geschlafen, weil Ihre Kleine putzmunter war. Dafür macht sie jetzt ein Mordstheater, weil sie lieber schlafen will, anstatt in den Kindergarten zu gehen. Ärgerlich und entnervt setzen Sie sich über den Wunsch Ihrer Tochter hinweg und bringen Sie, begleitet von lautem Gebrüll, in den Kindergarten. Sie sind bereits genervt und viel zu spät dran. Die Straßen sind überfüllt und statt angesagtem Frühlingswetter herrscht eher nasskalter November. Im Parkhaus rutschen Sie auf der nassen, glitschigen Treppe aus, landen nach einem kurzen Schwebemoment schmerzhaft auf Ihrem Steiß, und der Inhalt Ihrer Handtasche ergießt sich beim Aufprall über den gesamten

Treppenabsatz. Kaum im Büro angekommen, überfällt Sie Ihr Chef mit der Nachricht, dass Sie ihn jetzt in einem wichtigen Meeting vertreten müssen. Großzügig gibt er Ihnen genau eine halbe Stunde Zeit, um sich ins Thema einzuarbeiten (was eigentlich drei Wochen in Anspruch nehmen würde), und Ihr Schreibtisch zeigt Ihnen die übervolle Tatsache, dass Sie sich heute von einem frühen Feierabend verabschieden können. Am liebsten würden Sie jetzt wohl alles hinschmeißen und auswandern oder alternativ auf einer Nirwana-Wolke entschweben. Erleuchtung in 24 Stunden kann ich Ihnen nicht versprechen, aber etwas mehr buddhistische Gelassenheit.

Hilfreiche Werkzeuge: *Atemmeditation, Achtsamkeit, Loslassen, Liebende Güte und Mitgefühl*

Bestandsaufnahme: Sie haben genau eine halbe Stunde Zeit, um sich in ein Thema einzuarbeiten, fühlen sich aber von den Ereignissen des Morgens vollkommen überfahren, sind übermüdet, und Adrenalin rauscht durch Ihre Adern. Zum jetzigen Zeitpunkt werden Sie sehr wahrscheinlich große Schwierigkeiten haben, sich konzentriert in das neue Thema einzuarbeiten.

Maßnahmen:
Atemmeditation: Statt jetzt in Panik zu verfallen oder hektisch in den Skripten herumzublättern, möchte ich Sie einladen, sich erst einmal für ein paar wenige Minuten hinzusetzen und sich zu sammeln. Wenn Sie kein eigenes Büro mit einer abschließbaren Tür haben, gehen Sie dafür auf die Toilette. Sie brauchen jetzt ein stilles Örtchen. Meditation senkt den Adrenalinspiegel und das Stressempfinden. Setzen Sie sich an einen ruhigen Ort, und beginnen Sie Ihre Aufmerksamkeit auf den Atem zu richten und ihn da im Körper wahrzunehmen,

wo Sie ihn am besten spüren können. Vielleicht hilft es Ihnen, die Hand auf den Bauch zu legen und die Bewegung des Bauches zu verfolgen. Verweilen Sie dort mit Ihrer Aufmerksamkeit. Vermutlich ist in Ihrem Kopf großes Chaos, Sie fühlen sich unter Druck und gestresst, in Hektik und meinen, jetzt gerade für so etwas keine Zeit zu haben. Geben Sie sich fünf Minuten, um zu sich zu kommen. Sie werden danach wesentlich effektiver und klarer mit den Herausforderungen umgehen können als in ihrer jetzigen, gestressten Verfassung. Jetzt geht es erst einmal um nichts anderes als um Sie selbst. Es geht um fünf Minuten Pause und um das Ankommen bei sich selbst. Der Atem ist wie ein Notfallanker in stürmischer See, aber auch wie ein Rettungsboot, mit dem Sie sicher durch die Krise kommen.

Achtsamkeit und Loslassen: Die Ausrichtung auf den Atem erleichtert es Ihnen loszulassen. Gerade wenn ganz viele Ereignisse auf uns einströmen, scheint es uns oft, als müssten wir alle Dinge gleichzeitig erledigen und bedenken. Wir werden so zu einem Jongleur, der zu viele Bälle in der Hand hat. Verfestigen Sie nichts, bleiben Sie mit Ihrer Aufmerksamkeit nicht an den Dingen kleben, sondern lösen Sie sich immer und immer wieder aus aufkommenden Dramatisierungsgedanken. Lassen Sie die Dinge weiterfließen, und belassen Sie sie in ihrer natürlichen Dynamik des Aufsteigens, Bestehens und Vergehens, Moment für Moment, Situation für Situation. Sie üben das, indem Sie sich auf den Atem fokussieren, und immer, wenn Sie merken, dass Ihre Gedanken Sie wieder in Beschlag nehmen, fällen Sie die Entscheidung, zu Ihrem Atem zurückzukehren und ihn wieder bewusst zu spüren. Es ist vollkommen normal, dass Sie dauernd zwischen Gedanken und Atem hin- und herwechseln, Ihre Aufmerksamkeit nicht permanent auf dem Atem bleibt und Sie sich vielleicht sogar länger von

Ihren Gedanken wegreißen lassen. Lassen Sie sich nicht entmutigen. Lösen Sie sich immer wieder von den Gedanken, und kehren Sie zum Atem zurück, bis sie merken, dass es Ihnen mit der Zeit leichterfällt, zurück zu Ihrem Atem zu finden, anstatt dem Drang des Weitergrübelns zu erliegen. Üben Sie sich in Geduld, gerade in dieser stressigen Situation. Erlauben Sie sich, innerlich einen Schritt zurückzutreten und eine etwas neutralere Position einzunehmen. Unterbinden Sie immer wieder aufkommende Dramatisierungsprozesse. Hören Sie auf, sich zusätzlich noch Geschichten zu erzählen.

Der gegenwärtige Moment ist Ihr Lehrer. In diesem Moment können Sie Ihre Fähigkeiten schulen, ganz wach zu sein und mit dem Moment in unmittelbaren Kontakt zu kommen. Was kann Sie Ihr chaotischer Morgen lehren? Wie behalten Sie Ruhe und Durchblick? Wie bleiben Sie handlungsfähig? Wie gehen Sie mit sich um? Wie können Sie sich selbst liebevoller behandeln?

Liebende Güte und Mitgefühl: Weiten Sie Ihr Erleben aus, lösen Sie sich von Ihrem Leid, und öffnen Sie sich auch dem Erleben anderer Menschen. Bedenken Sie, so unmöglich wir uns manchmal auch alle benehmen, wir alle wünschen uns nur eines: glücklich zu sein und Schmerz und Frust zu vermeiden. Machen Sie sich bewusst, dass Ihre Kollegen vielleicht einen ähnlichen Morgen hatten, und wünschen Sie ihnen und sich selbst alles nur erdenklich Gute.

Sammeln Sie sich so für fünf Minuten, und danach ist es Zeit für die Vorbereitung auf das Meeting und einen heißen Kaffee.

Just do it: Bewahren Sie für die nun anstehende Arbeit Ihre neutrale innere Haltung, und tun Sie einfach die Dinge, die getan werden müssen, ohne Bewertung, ohne Kommentierung, ohne Drama und ausschmückende Geschichten. Warum? Immer wenn wir innerlich rumnörgeln und uns gegen den Moment auflehnen, erzählen wir uns Geschichten wie die, dass wir ungerecht behandelt werden, nur wir alleine immer alle Arbeit erledigen, keiner uns liebt und dass das, was wir zu tun haben, zu schwer, zu langweilig, zu einfach, zu gefährlich ist und vieles andere mehr. Bevor wir auch nur einen Handschlag getan haben, fühlen wir uns schon vollkommen erschöpft und gestresst. Damit wird die Situation um ein Vielfaches anstrengender und viel schwerer zu bewältigen. Die Gedanken im Vorfeld sind unsere wirklichen Energieräuber, es ist weniger die Situation selbst. Denn unsere Geschichten, unsere Dramen, erzeugen das Leid. Erforschen Sie für sich diesen Zusammenhang. Tun Sie die Dinge einfach, die getan werden müssen, ohne sich in Geschichten zu ergehen. Erledigen Sie die Dinge mit dem Nike-Mantra: *Just do it.*

Noch ein kleiner Tipp: Gewöhnen Sie sich an, in jeder Stresssituation den Atem zu nutzen, um sich zu fokussieren und die Dinge ruhiger laufen zu lassen. Immer wenn Sie merken, dass Sie hektisch werden, sich verzetteln, richten Sie sich auf Ihren Atem aus, atmen Sie, schaffen Sie ein paar Atemzüge Raum, ein paar Atemzüge Pause, zentrieren Sie sich mit Hilfe des Atems, und machen Sie dann erst weiter.

Misserfolg

Vielleicht erleben Sie gerade eine totale Niederlage. Mit einem Projekt haben Sie trotz Ihres großen Einsatzes vollkommenen Schiffbruch erlitten. Der Mann oder die Frau Ihrer Träume hat sich doch für einen anderen Partner entschieden, Ihre Beförderung ist wieder verschoben worden, oder Sie haben Ihre Traumarbeitsstelle nicht bekommen. Vielleicht wollen sich aber auch Lebenszufriedenheit oder Gesundheit trotz des vielen Aufwands und der Mühe, die Sie investieren, einfach nicht einstellen – oder wenn sie sich einstellen, passiert irgendetwas und zerstört das mühsam erarbeitete Ergebnis sofort wieder. Das ist ganz schön frustrierend und kräftezehrend. Erlebt man dann auch noch, dass andere mit wesentlich weniger Aufwand und einer spielerischen Leichtigkeit all dies realisieren, mag die Frage aufkommen: Was haben die, was ich nicht habe?

Wir erwarten, dass sich Erfolg einstellt, sobald wir das Außen entsprechend verändern, uns anstrengen und organisieren. Und wenn sich Misserfolg einstellt, haben wir eben Pech gehabt oder unser Umfeld trägt daran die Schuld, weil es nicht mitmacht. Das Umfeld wird dann als Ursache angesehen. Doch die Verantwortung liegt bei uns, denn es sind unsere eigenen vorangegangenen Handlungen und deren Folgen, die unseren Geist geprägt haben und unsere Wahrnehmung nun wie eine getönte Brille färben. Alle unsere Handlungen hinterlassen Spuren in unserem Geist und prägen unser Erleben. Vielleicht haben wir irgendwann einmal Erfolg verhindert, sei es im Sandkasten oder im Berufsleben. Dieses Verhindern des Erfolgs hinterließ in unserem Geist die Spur des Verhinderns, eine geistige Prägung des Misserfolgs, und kann im Heute dazu führen, dass wir selbst die Frucht dieser Saat ernten: Misserfolg. Um diese geistige Prägung zu verändern, empfiehlt der buddhistische Ansatz, Gegenmittel anzuwenden, beispielsweise Freude über den Erfolg anderer zu kultivieren und andere in ihrem Erfolg zu unterstützen. Warum? Durch Mitfreude und Unterstützung anderer (Großzügigkeit) öffnet sich der durch Anhaftung an den eigenen Erfolg angespannte und enge Geist und wird weit, entspannt, freudvoll und klar. Durch den angespannten, auf Erfolg fixierten Geist haben wir eine sehr eingeschränkte Sicht auf die Dinge und sehen überall nur Neid, Konkurrenzkampf und potenziellen Misserfolg. Jegliche Leichtigkeit kann so aus unserem Leben verschwinden. Im Gegensatz dazu erfahren wir durch einen entspannten, offenen und großzügigen Geist wesentlich mehr Freude und »glückliche Fügungen«. Wir erleben statt Konkurrenz und Wettbewerb Kooperation und Hilfsbereitschaft. Das Leben bekommt wieder mehr Leichtigkeit und eine freudvoll spielerische Note. Während wir uns mit einem engen und verschlossenen Geist einzelkämpferisch gegen den Rest der Welt zu behaupten versuchen und uns damit ziemlich alleine fühlen, erleben wir durch eine großzügige und offene Haltung wesentlich mehr Einbindung in die Gemeinschaft, Hilfsbereitschaft und eine entspanntere Gesamtsicht der Dinge. In der Umsetzung bedeutet es, selbst den ersten Schritt zu tun, sich zu öffnen und günstige Bedingungen für andere zu schaffen.

Hilfreiche Werkzeuge: *Großzügigkeit und Mitfreude*

Maßnahmen:
Großzügigkeit: Beginnen Sie Menschen zu motivieren, sich weiterzubilden. Fördern Sie andere, und machen Sie ihnen Mut.
Für manche ist Unterstützung auf finanzieller Ebene die leichteste Möglichkeit, aktiv zu werden. Das ist sehr hilfreich. Verstecken Sie sich jedoch nicht hinter der materiellen Spende. Suchen Sie den direkten, persönlichen Kontakt.
Vielleicht mögen Sie Schülern Nachhilfe geben oder Ihr Wissen als alter Hase jungen Selbständigen oder Berufsanfängern zur Verfügung stellen. Oder empfehlen Sie andere weiter, damit sie erfolgreich werden.

Ähnliches gilt auch für die Genesung. Wenn Sie gesundheitlich angeschlagen sind und sich keine Besserung einstellt, obwohl Sie alles Mögliche für Ihre Gesundheit tun, oder erreichte Verbesserungen sich wieder verschlechtern, kümmern Sie sich um die Gesundheit in Ihrer Umgebung. Sie können beispielsweise anderen helfen, besser über ihre eigene Gesundheit und deren Erhaltung Bescheid zu wissen. Vielleicht können Sie selbst ein Angebot schaffen, durch das andere aktiv etwas für ihre Gesundheit tun können, oder Sie können andere pflegen.

Schaffen Sie Wohlbehagen und eine angenehme, heilsame, gesundheitsfördernde Atmosphäre, wenn Sie mit anderen zusammen sind (aber natürlich auch, wenn Sie mit sich alleine sind).

Bilden Sie Menschen darin aus, andere zu unterstützen, etwas für ihre Gesundheit und ihr Wohlbefinden zu tun.

Sollten Sie Arbeitgeber sein, achten Sie auf eine gesundheitsfördernde Arbeitsatmosphäre wie eine gesunde, ergonomische Arbeitsplatzgestaltung, gutes Licht, ausreichende Pausen und moderate Arbeitszeiten. Fördern Sie die Gesundheit Ihrer Mitarbeiter, indem Sie Kurse über Ernährung, Gesundheit und Stressprävention bezahlen.

Was auch immer Sie tun, üben Sie sich darin, es ohne Hintergedanken zu tun, ohne die Vorstellung, dadurch dann aber selbst auch endlich mit dem Erfolg an der Reihe zu sein. Es sollte eine bedingungslose Großzügigkeit sein, einfach um des Tuns willen.

Mitfreude: Ein weiterer wichtiger Aspekt ist die Mitfreude am Erfolg anderer. Mitfreude können Sie überall üben, wenn andere in Ihrem Umfeld Erfolg haben. Vielleicht spüren Sie den kleinen Stich des Neides im Herzen, wenn Sie sehen, dass jemandem etwas gut geglückt ist. Nutzen Sie diesen Stich als Ihr Alarmsignal, um sich dann bewusst in Mitfreude zu üben. Immer wenn es Sie sticht und Sie merken, dass Sie jemandem den Erfolg missgönnen und neiden, sollten Sie sich bewusst in Mitfreude üben. Die gegnerische Mannschaft gewinnt im Fußball – freuen Sie sich für sie mit, und beglückwünschen Sie sie zu der großartigen Leistung. Ihre Kollegin hat eine Auszeichnung von Ihrem Chef bekommen, ist vielleicht befördert worden oder hat einfach nur ein Projekt gut abgeschlossen – freuen Sie sich mit ihr. Beglückwünschen Sie sie aus vollem Herzen (ohne Scheinheiligkeit). Ihr Squash-Partner schlägt Sie im Match – freuen Sie sich für ihn über dieses Erfolgserlebnis. Loben Sie ihn für seine großartige Technik und seine bemerkenswerte Form. Vielleicht hat Ihre Freundin auch den letzten Platz im Yogakurs bei einer besonders angesagten Schule ergattert – freuen Sie sich für sie (auch wenn Sie diesen Platz selbst haben wollten), dass es ihr möglich war, den letzten Platz für sich zu sichern, und freuen Sie sich auch weiter mit ihr, wenn sie Ihnen in den kommenden Wochen von ihrem großartigen Lehrer und dem unglaublich guten Körpergefühl vorschwärmt.

Mitfreude ist ein kraftvolles Werkzeug, denn Mitfreude öffnet Ihr Herz und löst Sie aus Ihrer ichbezogenen Haltung. Authentische Mitfreude wird Sie ganz automatisch glücklich machen, Sie werden weniger verkrampft an Ihr Leben herangehen und so die Erfahrung von sich mühelos und spontan ergebenden freudvollen Situationen machen. Ihr Leben gewinnt an Leichtigkeit und Spontaneität.

Geldmangel

Wenig oder nicht ausreichend Geld zu haben bringt viele Gefühle und Reaktionsmuster zum Vorschein: Scham, Neid, Wut, Hilf- und Hoffnungslosigkeit usw.

Ein rational denkender Mensch würde in dem Fall dazu raten, mit Nebenjobs die Einnahmen aufzubessern oder sich grundsätzlich eine lukrative Arbeit zu suchen, vielleicht etwas mehr zu sparen oder auch die Einnahmen und Ausgaben besser zu überprüfen. Das sind alles vernünftige und auf der äußeren Ebene in jedem Fall sinnvolle Maßnahmen. Machen Sie das, wenn Sie es für sinnvoll erachten. Sie wirken allerdings, bis die wahre Ursache nicht behoben ist, nur begrenzt, denn, solange wir unsere Welt durch eine Mangel-Brille sehen, werden wir immer das Gefühl haben, dass es nicht reicht. Dass wir zu kurz kommen, dass es das Leben mit uns nicht gut meint – was auch immer passiert. Wie immer die Dinge unseres Alltags in Erscheinung treten, sie sind nur der Spiegel unserer geistigen Prägungen. Warum?

Die Ursache unseres Erlebens liegt in unserem eigenen Geist, unserer geistigen Prägung. Mangel ist eine Wahrnehmungsgewohnheit, genauso wie Fülle. Diese wird durch vorangegangene Handlungen und ihre damit einhergehende Motivation erzeugt, die einen Eindruck in unserem Geist hinterlassen und unser Erleben der Wirklichkeit prägen. Ist unser Handeln beispielsweise von Offenheit, Hilfsbereitschaft und Großzügigkeit bestimmt, werden diese Handlungen uns unsere Wirklichkeit großzügig, hilfsbereit und offen erleben lassen. Durch diese geistige Haltung erleben wir ganz natürlich Freude, Fülle und Zufriedenheit. Wir fühlen uns wohl und entspannt. Außerdem erkennen wir mehr Chancen und Möglichkeiten.

Sind unsere Handlungen allerdings von Neid, Mangel und Geiz geprägt, wird auch dies unsere Wahrnehmung der Wirklichkeit entsprechend einfärben. Diese Haltung lässt unseren Geist eng und verkrampft werden, so dass wir uns gestresst, angespannt und vom Glück ausgegrenzt fühlen. Chancen können so nicht erkannt und genutzt werden. Es kann sogar so weit gehen, dass wir uns selbst bewusst oder unbewusst sabotieren und uns von der Fülle des Lebens abschneiden, indem wir Maßnahmen behindern, Hilfe nicht annehmen, Termine verstreichen lassen, Unterlagen unvollständig einreichen etc. Es scheint, als wollten wir uns bestrafen und uns selbst die Fülle nicht gönnen. Das Leben erscheint uns so als immerwährender Kampf, was uns unsere finanziell angeschlagene Situation um ein Vielfaches belastender und leidvoller wahrnehmen lässt.

Auch wenn wir an der finanziellen Situation im Augenblick vielleicht nicht viel ändern können, ist es uns trotzdem möglich, auf unsere geistigen Prozesse Einfluss zu nehmen. So wie im vorangegangenen Beispiel geht es darum, diese geistige Prägung von Enge und Begrenzung, Mangel und Frust in Offenheit, Großzügigkeit, Fülle und Freude umzuwandeln. Dadurch werden sich das Leid und die geistige Prägung des Mangels ganz natürlich reduzieren.

Hilfreiche Werkzeuge: *Großzügigkeit und Respekt vor dem Eigentum anderer*

Maßnahmen:
Großzügigkeit: Überlegen Sie, wo können Sie Großzügigkeit üben? Wen oder was können Sie unterstützen?
Wenn es Ihnen finanziell gerade gar nicht möglich ist, können Sie vielleicht Ihre Zeit, Ihr Wissen, Ihre tatkräftige Mithilfe spenden. Verschenken Sie sich selbst, ohne etwas dafür bekommen zu wollen. Man nennt dies Altruismus. Großzügigkeit ist bedingungslos und wird dadurch grenzenlos. Von Herzen zu geben schafft die besten Voraussetzungen, mit dem Mangel in unserem Leben aufzuräumen.
Vielleicht können Sie sich in Ihrer Nachbarschaft engagieren. In vielen Vierteln gibt es Stadtteilzentren, in denen meist ehrenamtliche Mitarbeit willkommen ist. Vielleicht gibt es dies

auch an Ihrem Wohnort? Sie können Großzügigkeit darüber hinaus üben, indem Sie alles, woran Sie hängen und was Sie für sich behalten möchten, imaginär der ganzen Welt schenken oder Menschen, von denen Sie wissen, dass sie es gut gebrauchen können. Tragen Sie aktiv zur Fülle in dieser Welt bei.

Manchmal kann einen, gerade am Anfang, das Gefühl beschleichen, nicht genug für sich selbst übrig zu behalten, wenn wir großzügig sind. Die Angst ist ein Symptom, eine Auswirkung des Mangel-Geistes. Wir erwarten nichts anderes als Mangel, da wir nur Mangel und Verlust kennen und das Gefühl, zu kurz zu kommen. Wir haben die Mangel-Brille auf. Springen wir dann über unseren Schatten in Richtung Großzügigkeit, verändert sich der geistige Eindruck, und das Mangel-Gefühl reduziert sich. Damit wird auch unsere Wahrnehmung des Mangels schwächer, und wir sehen immer mehr Fülle und Großzügigkeit um uns herum.

Fremdes Eigentum respektieren: Neben der Übung der Großzügigkeit sollte es für uns vollkommen selbstverständlich sein, das Eigentum anderer Menschen zu respektieren und nichts zu nehmen, was uns nicht ausdrücklich gegeben wurde. Das schließt auch ein, Schulden zu begleichen, Rechnungen pünktlich zu bezahlen und niemanden zur eigenen Bereicherung auszunutzen, weder in finanzieller, materieller noch energetischer Hinsicht.
Bedenken Sie, dass jede Handlung und die damit einhergehende Motivation einen Eindruck in unserem Geist erzeugen, wirklich jede. Darum ist die Empfehlung des Buddha nur folgerichtig: Handeln Sie in jeder Situation positiv und heilsam, und alle Schwierigkeiten werden sich mit der Zeit auflösen.

Nervende Kollegen

Da sitzt man in aller Seelenruhe am Schreibtisch, ist tief konzentriert in Arbeit versunken und gerade richtig gut im Fluss. Unvermittelt taucht eine Kollegin auf und beginnt über dies und jenes ziellos zu schwätzen, ohne Punkt und ohne Komma. Unsere Konzentration ist dahin, langsam werden wir ungeduldig, wollen vielleicht auch nicht unhöflich sein, wir wissen ja, dass sie sonst niemanden zum Reden hat. Zwar äußerlich die Contenance wahrend, werden wir allmählich immer ärgerlicher, da sie ohne Pause redet und uns immer noch nicht klar ist, worauf sie eigentlich hinauswill. Es scheint keine sanfte Möglichkeit zu geben, sie zu stoppen. In der Hoffnung, dass der Redeschwall doch irgendwann mal versiegen müsste, halten wir tapfer durch, um sie nicht zu verletzen. Oder wir wenden uns demonstrativ wieder unserer Arbeit zu, in der Hoffnung, sie merke von selbst, dass wir nicht weiter gewillt sind, zuzuhören. Doch unsere Kollegin erzählt munter weiter. Bis uns der Kragen platzt und wir sie ärgerlich und unwirsch unterbrechen. Beleidigt und verletzt rauscht sie wieder hinaus, und Stille kehrt ein. Unsere innere Ruhe aber ist dahin, denn wir haben das Gefühl, als hätte ein Wirbelsturm gewütet. Es herrscht Chaos in unseren Gedanken, wir sind ärgerlich, traurig, unkonzentriert und aufgewühlt.
Wie können wir mit ähnlichen Situationen zukünftig besser umgehen und Verletzungen bei uns und anderen vermeiden?

Hilfreiche Werkzeuge: *Achtsamkeit, Mitgefühl, Dankbarkeit*

Der Buddha empfahl grundsätzlich, auf sinnloses Gerede und Geschwätz zu verzichten. Er meinte damit einerseits, selbst nicht geschwätzig zu sein und sinnlos daherzureden, und andererseits, sich sinnlosem Geschwätz nicht auszusetzen. Warum? Geschwätz hat keine heilsamen oder förderlichen Auswirkungen auf den Geist, sondern schafft geistige Verwirrung, Unruhe und Chaos sowie die Störgefühle Wut und Ärger. Der Buddha gibt die klare Empfehlung, mit unserer Lebenszeit sorgsam umzugehen und nur Sinnvolles, Erkenntnisförderndes und Heilsames zu sagen, angenehme, mit Sinn erfüllte Worte zu verwenden, die sanft, liebevoll und inspirierend sind. Dies hat heilsame und erleuchtende Auswirkungen auf den Geist und dient unseren Erkenntnisprozessen. Wenn man nichts dergleichen zu einem Gespräch beitragen kann, sollte man sich lieber in edlem Schweigen üben.

Maßnahmen:
Achtsamkeit: Wenn Sie also wahrnehmen, dass ein Gespräch nur aus sinnlosem Gerede besteht, distanzieren Sie sich innerlich davon. In der Regel können Sie es recht schnell an Ihren emotionalen Regungen bemerken. Sollten Sie feststellen, dass Sie bereits wütend sind, haben Sie schon zu lange gewartet, denn Wut entsteht mit dem Überschreiten unserer persönlichen Grenze. Das oben genannte Beispiel zeigt sehr deutlich, dass diese Grenze schon lange überschritten war, wir das aber aus falsch verstandener Höflichkeit einfach zuließen. Damit entsteht eine zweifache Grenzverletzung: Die sprechende Person überschreitet unsere Grenze, indem sie uns weiter mit Worten regelrecht überflutet, und wir selbst lassen sie über diese Grenze gehen, indem wir die Grenze nicht kommunizieren und damit deutlich werden lassen. Das macht doppelt ärgerlich: Wir sind ärgerlich über unsere eigene Grenzverletzung und das damit einhergehende Gefühl, die Dinge nicht wirklich steuern zu können, und ärgerlich auf die grenzverletzende Person.

Damit Grenzen eingehalten werden können, sollten sie bekannt sein. Da Abgrenzungsbedürfnisse vollkommen individuell sind und Nähe und Distanz je nach Prägung und Bedürfnis von Person zu Person unterschiedlich wahrgenommen werden, können wir nicht einfach davon ausgehen, dass jemand anderer unsere Grenze kennt. Es gibt kein allgemeingültiges Maß für persönliche Grenzen. Jeder empfindet sie anders. Jeder steht in seiner Entwicklung auch an einer anderen Stelle. Also ist eine klare Kommunikation nötig. Grenze kann bedeuten, dass ich mich maximal fünf Minuten auf einen Monolog einlasse. Grenze kann aber auch bedeuten, dass ich für mich entschieden habe, solche Gespräche sofort zu unterbinden. Wie auch immer meine Grenze geartet ist, wenn ich sie nicht klar nach außen hin vertrete, muss ich mich nicht wundern, wenn sie nicht eingehalten wird. Auf das Einhalten von Grenzen zu achten hat verschiedene Vorteile: Ich reagiere nicht mit Ärger auf die Person. Damit fällt es mir leichter, angemessene, freundliche Worte zu finden, um die Situation zu beenden, ohne die Person unnötig zu verletzen. Durch die klare und freundliche Kommunikation der Grenze lerne ich, wie ich auch zukünftige Situationen schneller und leichter bewältigen kann bzw. wie sie vermieden werden können. Auch die andere Person weiß nun, wie weit sie gehen kann, in welchem Maß sie mit meiner Bereitschaft des Zuhörens rechnen kann, und hat einen klaren Orientierungsrahmen. Selbst wenn wir es vielleicht gut meinen und das Gerede hinnehmen, trägt dies langfristig nicht zur Klarheit bei, und wir geben dem anderen nicht die Möglichkeit, sich selbst zu reflektieren, sich aus dem destruktiven Verhaltensmuster des sinnlosen Schwätzens zu befreien und sich heilsamem, inspirierendem und wirklich nährendem Sprechen zuzuwenden. Fragen Sie sich bei allem, was Sie tun, immer eines: Was dient der Klarheit? Was ist zur Klärung der Situation nötig? Achtsamkeit hilft uns, im Kontakt mit dem Geschehen und gleichzeitig in einem guten Kontakt mit uns selbst zu bleiben und eine wertneutrale, wache innere Haltung einzunehmen. Wir Menschen brauchen klare Signale, verbal und nonverbal, damit wir uns in der Welt wirklich zurechtfinden und heilsam wirken können. Es ist ein Teil unserer Verantwortung, sich dem wirklich zu stellen.

Mitgefühl ist ein weiterer wichtiger Punkt. Mitgefühl bedeutet, das Leid unseres Gegenübers, aber auch unser eigenes wahrzunehmen und zu erkennen, wodurch es ausgelöst wird (Weisheit). Weises Mitgefühl nimmt das Leid, auch das subtile, wirklich wahr und ist bestrebt, das Leid der anderen Person oder auch das eigene Leid an der Wurzel seines Entstehens aufzulösen. Es besteht dabei kein Unterschied zwischen dem Leid der anderen und dem eigenen Leid. Leid ist Leid. Der Wunsch: *Mögest du frei von Leid und dessen Ursachen sein,* ist Ausdruck dieses Mitgefühls. Sind die Ursachen beseitigt, löst sich das Leid auf. Um diese Ursachen (Anhaften/Ablehnen) zu beseitigen, sind Klarheit, Achtsamkeit und das Bestreben, unheilsames Handeln aufzugeben, nötig. Mitgefühl bedeutet nicht, wie fälschlich manchmal angenommen wird, einfach nur lieb und nett zu sein, alles mit sich machen zu lassen und für alles Verständnis zu haben. Wirkliches Mitgefühl bewahrt den anderen und uns selbst vor unheilsamem Verhalten. Das bedeutet, dass aus Mitgefühl Situationen klar unterbunden werden können, jedoch ohne einen Funken Aggressivität. Weises Mitgefühl bedeutet in dem oben beschriebenen Fall, dass ich mich nicht aus Mitleid mit der armen einsamen Frau dazu hinreißen lasse, Grenzüberschreitungen zuzulassen und selbst zu betreiben, und die Frau damit in ihrem unreflektierten, unheilsamen Verhalten belasse. Meine eigene freundliche Klarheit ermöglicht ihr unter Umständen, ein anderes Verhalten an den Tag zu legen, Zusammenhänge zu verstehen und sich so weiterzuentwickeln. Gleichzeitig ermöglicht mir die

Übung der rechten Rede die Kultivierung von Freundlichkeit, Geduld, Klarheit und Achtsamkeit.

Dankbarkeit: Für diese Möglichkeit der Übung kann ich der anderen Person von Herzen dankbar sein, denn ohne sie wäre dies nicht möglich gewesen. Gerade schwierige und herausfordernde Menschen sind unsere größten Lehrer, da wir nur durch sie unser heilsames Potenzial voll entwickeln können. Wenn alle um uns herum nett sind und immer alles zu unserer Zufriedenheit erledigen, werden wir nicht üben können. Wer Berge besteigen will, darf sich nicht mit Flachlandtraining zufriedengeben. Darum können Sie auch in jeder schwierigen Situation aufrichtige Dankbarkeit entwickeln, denn durch sie entwickeln sich Ihre Fähigkeiten, mit Krisen immer leichter umzugehen, Klarheit und geistige Stabilität zu kultivieren und Leid nach und nach aufzulösen. Diese Herangehensweise wird Ihnen auch in ähnlich anstrengenden Situationen beispielsweise mit den Klassikern des Büroalltags – den Cholerikern, den Überfliegern, den Strebern, Angebern und Klatschtanten – hilfreich sein.

Unklare Situationen

Neben diesen relativ klar erkennbaren Herausforderungen gibt es allerdings auch Situationen und Begegnungen mit Menschen, die alles andere als klar zu definieren und gerade durch ihre Unklarheit ganz besonders schwierig sind. Alles, was klar einzugrenzen und zu definieren ist, ist in gewisser Weise leicht zu bearbeiten. Aber wenn es diffus wird, wenn wir den Ablauf, die Wirkmechanismen nicht erkennen können, ist es schwer, adäquat mit solchen Situationen umzugehen und den Leidkreislauf zu durchbrechen. So gibt es beispielsweise Kollegen oder Kolleginnen, die brauchen wir nur von Ferne über den Gang gehen zu sehen, vielleicht auch nur ihre Stimme zu hören, und schon sind wir, ohne dass irgendetwas passiert ist, auf hundertachtzig. Einfach so, bereits seit der ersten Begegnung. Es ist, als würde in uns einfach ein Schalter umgelegt. Diese Menschen drücken bei uns sämtliche Knöpfe. *Wie der schon aussieht, wie sie schon guckt, der Gang erst, die Haltung, die Stellung der Augen, die Kleidung, die Stimme, die Wortwahl ...* Meistens haben diese Menschen noch nicht einmal die leiseste Ahnung davon, was innerlich bei uns gerade passiert. Es ist also nicht verwunderlich, dass sie mit purem Unverständnis auf uns reagieren, wenn wir gerade mal wieder so richtig in Rage sind und nicht gewillt, mit ihnen kooperativ zusammenzuarbeiten (und sei es nur, ihnen einen Bleistift zu reichen).

Solche Situationen bergen ein hohes Eskalationspotenzial. Aber in spiritueller Hinsicht sind sie ein großartiges Übungsfeld für uns. Da diese Situationen meist sehr komplex sind, kommen verschiedene Werkzeuge zum Einsatz.

Hilfreiche Werkzeuge: *Geduld, Mitgefühl, Akzeptanz, Disziplin, Achtsamkeit, Dankbarkeit und Meditation*

Geduld, Mitgefühl, Akzeptanz und Disziplin: Wir brauchen in solchen Situationen sehr viel Geduld, da sie sich uns erst über die Wiederholung erschließen. Wir brauchen Geduld und Mitgefühl mit uns, weil diese Situationen in uns Leid auslösen, wir ungeduldig mit uns werden, da wir uns vielleicht wünschen, so schnell wie möglich damit anders umgehen zu können. Wir brauchen Geduld und Akzeptanz mit unserem Gegenüber, dass er eben ist, wie er ist. Wir brauchen Disziplin, um die Fassung nicht zu verlieren und die Situation durch aggressives Verhalten nicht noch zu verschlimmern. Außerdem bedarf jede Kultivierung einer neuen heilsamen Herangehensweise Disziplin, damit wir uns aus alten Mustern lösen können. Die alten Pfade sind breit, ausgetreten und bequem. Es ist leicht, wieder in die alten Muster zurückzufallen und uns unheilsamen Verhaltensweisen hinzugeben. Mit Disziplin ist keine Hab-Acht-Zwangsdisziplin gemeint, sondern eine weiche, liebevolle und heilsame Disziplin, die uns hilft, unser Leid und das der anderen aufzulösen. Achtsamkeit schafft Klarheit und ist so das Mittel, das wir brauchen, um in diffusen Situationen Klarheit zu gewinnen. Im Endeffekt läuft es immer auf die gleichen Mechanismen hinaus: Aus der Bewertung einer Situation folgt Anhaftung oder Ablehnung, die zu leidhaften Geisteszuständen führen.

Maßnahmen:
Achtsamkeit: Nehmen Sie die Haltung des wertneutralen Beobachters, der objektiven Beobachterin ein. Schauen Sie sich die Abläufe und Ihre Reaktionsweisen an, ohne sich jedoch darin zu verstricken. Erkennen Sie, welche Muster ablaufen. Wo werden Sie angetriggert? Finden Sie Ihre Reizpunkte. Nutzen Sie die Ausrichtung auf den Atem als Stütze und Stabilisierung. Wenn Sie merken, dass Sie von Ihren Emotionen und Impulsen überwältigt werden, hilft Ihnen die Fokussierung auf den Atem, mehr Distanz zu gewinnen und sich weniger zu involvieren. Halten Sie gerade in schwierigen Momenten immer den Kontakt zum Atem. Lassen Sie sich nicht zu automatisch ablaufenden, aggressiven Reaktionen hinreißen. Auf neurologischer Ebene verstärken sich durch wiederholte aggressive Reaktionen die Aggressionsschnittstellen im Gehirn, so dass sich eine Aggressionsgewohnheit bildet. Diese bestimmen nicht nur unsere zukünftigen Handlungen, sondern färben auch unsere Wahrnehmung der Welt aggressiv ein, so dass wir unser Umfeld entsprechend verzerrt wahrnehmen.

Vielleicht können Sie wahrnehmen, dass Sie im Kontakt mit Ihrem Gegenüber automatisch in eine Rolle verfallen, mit der Sie überhaupt nicht einverstanden sind und die Ihrem eigentlichen »Normalverhalten« nicht entspricht. Plötzlich merken Sie, dass Sie sich wie ein kleines, hilfloses oder trotziges Kind fühlen. Oder Sie hören sich auf einmal reden wie Ihre eigene Mutter. Gerade wenn Sie diese Rolle nicht akzeptieren, reagieren Sie wütend oder auch ängstlich und vielleicht sogar hilflos, und das macht wiederum ärgerlich oder auch ängstlich. Über eine aggressive oder unwirsche Reaktionsweise versuchen Sie dann vielleicht, die Kontrolle in der jeweiligen Situation wiederzuerlangen, doch im Endeffekt reagieren Sie aus der Rolle heraus, beispielsweise der des trotzigen Kindes oder der bestimmenden Mutter. Das führt wieder zu Folgereaktionen ähnlicher Ausprägungen bei Ihrem Gegenüber. So entsteht ein Pingpong-Spiel des Leidens. Es kann zu Schuldzuweisungen kommen: »*Wenn du dich mir anders gegenüber verhalten würdest und nicht immer so überheblich und gönnerhaft wärst, ja dann ...*«

Achtsamkeit hilft, bei sich zu bleiben und wahrzunehmen, dass ich es bin, die oder der auf die andere Person reagiert. Niemand macht das mit mir. Ich selbst bin es. Es ist meine eigene Reaktion, meine Bewertung, meine Wahrnehmung, mein Reizpunkt, mein Spiel des Geistes.

Dankbarkeit: Unser Umfeld ist nur unser Spiegel und zeigt uns unsere wunden Punkte – unsere blinden Flecken –, die wir ohne den Kontakt mit unserem Umfeld nicht wahrnehmen könnten. Nur wenn wir diese Punkte erkennen, können wir etwas verändern. Die andere Person wird so, ohne ihr Wissen, zu unserer Lehrerin und hilft uns in dieser Weise, uns selbst zu erkennen und an uns zu arbeiten. Und dafür sollten wir ihr wirklich dankbar sein. Entwickeln Sie innere Wertschätzung und Dankbarkeit für Ihr Gegenüber.

Verständlicherweise lassen sich solche Situationen nicht mal eben schnell bearbeiten und auflösen. Sie brauchen wirklich Geduld, Mitgefühl, Disziplin und viel Akzeptanz für sich selbst.

Meditation schafft Raum. Wenn Sie eine schwierige Situation erlebt haben und vollkommen aufgewühlt sind, geben Sie sich für einen Moment Raum, und erlauben Sie sich, einfach für ein paar Minuten in Stille zu sein. Suchen Sie einen Ort, an dem Sie etwas Ruhe haben, und nehmen Sie Kontakt zu Ihrem Atem auf. Glätten Sie die Wogen Ihres Geistes, indem Sie ihn durch die Ausrichtung auf den Atem langsam zur Ruhe kommen lassen. Alles darf sein, wie es ist. Sie dürfen aufgeregt sein, Sie dürfen traurig sein, Sie dürfen sich hilflos fühlen, sie dürfen ärgerlich sein. Bleiben Sie bei sich, sitzen Sie mit sich, seien Sie voller Akzeptanz für den momentanen Stand der Dinge. Versuchen Sie danach, Ihr Erleben der vergangenen Situation in der Retrospektive aufzuschreiben, und zwar so wertfrei wie möglich, um über Ihre Reaktionsweisen und Gefühle ein etwas klareres Bild zu gewinnen. So erforschen Sie die Landkarte Ihrer Reaktionen und üben sich in Klarheit. Diese Erkenntnisse helfen Ihnen in kommenden Situationen, da Sie mit der Zeit immer vertrauter mit ihnen werden und dem Ablauf des Geschehens nicht mehr hilflos gegenüberstehen. Diese Beobachtungen und Erkenntnisse sind Ihre Landkarte, Ihre Streckenbeschreibung, Ihre Navigationshilfe. Sie haben damit den Überblick, wo Sie sich gerade befinden, was gerade passiert, und können entsprechend die Werkzeuge klarer und einfacher anwenden.

Auswirkung: Bemühen wir uns in jeder Situation um heilsames, konstruktives und positives Handeln, lösen sich negative Eindrücke im Geist und damit einhergehend auch unser Empfinden von Leid, Stress und Problemen nach und nach auf. Im Gegenzug verstärkt sich unsere positive Wahrnehmung, heilsames Handeln wird leicht, wir fühlen uns weniger von anderen gestört und herausgefordert.

Neid

In Nepal saß ich einmal auf einem Platz, der neben einer gehörigen Anzahl Touristen von fast doppelt so vielen Affen bevölkert war. Einer der Affen stibitzte ein Stück Tomate aus dem Lunchpaket eines Touristen und vergnügte sich zufrieden schmatzend damit, bis sein Kumpel sich auf den Fotoapparat eines anderen Touristen stürzte und mit geübtem Geschick damit im Baum verschwand. Sofort war die Tomate out. War ja nur ein Stück Tomate, der Fotoapparat war weitaus besser! *»Will keine Tomate, will auch einen Fotoapparat haben!«*, und schon ließ der Affe sein Stück Tomate achtlos in den Dreck fallen und rannte dem Fotoapparat-Affen zeternd hinterher.

Auch bei uns in der Menschenwelt ist es nicht anders. Neid und Eifersucht gehören zu unserem Alltag. Vielleicht schütteln Sie jetzt den Kopf, weil Sie sich selbst nicht als neidisch einstufen. Hand aufs Herz, wenn Sie eine neue, attraktive Kollegin bekommen, mit einem erfolgreichen Uniabschluss, viel Erfahrung und frischen Ideen, mit der sie dann auch prompt bei der Geschäftsleitung auf Begeisterung stößt, können Sie sich wirklich von Herzen über ihren Erfolg freuen? Oder beschleicht Sie vielleicht doch etwas Neid oder Eifersucht? Schließlich versuchen Sie schon seit Jahren erfolglos, ähnliche Dinge durchzuboxen. Setzen Sie den Erfolg Ihrer Kollegin

vielleicht sogar innerlich herab, indem Sie sich einreden, Ihre Kollegin hätte weibliche, manipulative Tricks angewendet? Fühlen Sie sich durch den Erfolg minderwertig und vielleicht auch in Ihrer Stellung bedroht? Werten Sie sie ab? Wollen Sie, was sie hat? Wenn auch nur eine dieser Reaktionsweisen zutrifft, ist das ein Anzeichen für Neid.
Auch wenn das Objekt Ihres Neides vielleicht nicht unbedingt beruflicher Erfolg ist, wir haben alle irgendetwas, was wir anderen neiden. Besitz, Status, Kleidung, Frisur, Lebenspartner, Kinder, Bildung, Karriere, Beruf, Ansehen, was auch immer.
Wir leben in einer regelrechten Neidgesellschaft. Gehen wir durch die Straßen, beobachten wir ständig andere, taxieren sie, vergleichen uns mit ihnen, empfinden Neid über das tolle Auto, die Figur, den Hund, das süße Kind. Allerdings nehmen wir dieses Verhalten selten wahr. Wir fühlen uns manchmal eben nur nicht zufrieden, empfinden einen Mangel, wo objektiv gesehen Fülle ist. Das Gefühl Neid wird meistens unterdrückt und nicht bewusst als Neid wahrgenommen. Neid wurde schon in Kindertagen nie toleriert. Als Kleinkinder haben wir uns anhören müssen: »*Sei nicht neidisch!*« Doch wie wir nicht neidisch sein oder mit aufkommendem Neid umgehen könnten, das hat uns keiner erklärt. Die einzige Lösung, die wir fanden, war die Verdrängung. Wir schämen uns, wenn wir merken, dass wir neidisch sind, denn das sollen wir ja nicht sein. Wir werden wütend auf den Neidauslöser, der uns dieses unangenehme Gefühl eines Mangels gibt, weil der Neidauslöser das rote Feuerwehrauto hat und wir nicht. Wir werden wütend auf uns, weil wir uns für dieses Gefühl, das wir nicht haben sollten, schämen. Auf alle, die nicht neidisch sind, werden wir auch wütend, weil sie Fülle erleben und wir den quälenden Mangel. Und wir werden wütend auf unsere Eltern, die uns verbieten, Neid zu empfinden und aus Neid unserem Freund das rote Feuerwehrauto aus der Hand zu reißen, damit unsere Qual,

unser Mangel ein Ende hat. Diese Gefühle aus Kindertagen übertragen wir in der gleichen Art und Weise auf unser Erwachsenenleben. Waren es früher das Feuerwehrauto, die Puppe, der Teddy, die Sandburg oder Kinderfreundschaften, so sind es heute die Luxus-Handtasche, das neueste Handy, das tolle Auto, das gesicherte Einkommen, Erfolg und der attraktive Lebenspartner, die kluge Lebenspartnerin oder schlicht und ergreifend eine einigermaßen sichere Arbeitsstelle.
Neid ist ein sehr quälendes und anstrengendes Gefühl. Wer so richtig neidisch ist, erlebt eine Ausnahme-Krisensituation, die nicht nur einen selbst quält, sondern auch extrem destruktive, teilweise sogar lebensbedrohliche Auswirkungen hat und viel zusätzliches Leid bei allen Beteiligten auslösen kann.

Was ist Neid eigentlich?

Neid ist ein ganz konkretes Unbehagen darüber, dass andere Menschen etwas haben, was wir in der Form nicht haben, und der damit einhergehende Wunsch, es selbst zu besitzen, um fast jeden Preis, manchmal auch um den der Gesundheit oder des Lebens des Beneideten. Es ist ein komplexes Gefühl, das einhergeht mit einer Mischung aus Gefühlen von Ungerechtigkeit, Angst, Ärger, Unzufriedenheit und Hass. Der Neid sticht uns ins Herz. Wie wir gerade am Beispiel des Affen mit seiner durchaus schmackhaften Tomate sehen konnten, war erst alles in bester Ordnung, bis sich durch ein anderes Objekt, das sich im Besitz eines anderen befand, ein Gefühl des Mangels einstellte. Neid ist ein empfundener Mangel, das Gefühl, »zu kurz gekommen zu sein«. Dies wird als zutiefst beunruhigend empfunden. Die übliche Reaktion darauf ist eine klare Abwertung der beneideten Person. Dadurch erhöhen wir uns selbst und fühlen uns sofort besser. So entstehen zum Beispiel Hetzkampagnen beim Kaffeeklatsch über die neue, attraktive

Nachbarin mit den tollen blonden Haaren, denn wir hätten auch gerne solche Haare und so eine Figur. Als beiläufigen Kommentar lassen wir uns darüber aus, dass sie sehr wahrscheinlich nicht besonders intelligent ist, und verweisen als Beweis auf ihre Haarfarbe. Außerdem lassen wir die Vermutung fallen, dass die Haare mit Sicherheit nicht echt sind, sondern künstlich eingeflochten, und fühlen uns direkt besser. Auch Mobbing am Arbeitsplatz basiert auf Neid und soll sicherstellen, dass der Beneidete das Feld räumt, damit man selbst als Neider seinen Frieden zurückbekommt. Das Folgemuster des Neides zielt darauf ab, den Beneideten zu beseitigen, und hier wird klar, warum Neid nicht harmlos ist: denn Beseitigen kann manchmal auch Tod bedeuten. Neid zerstört jedoch nicht nur die Beneideten, sondern ist ein Prozess der Selbstzerstörung. Es gibt den treffenden Ausspruch »von Neid zerfressen«. Diese dem Neid innewohnende Zerstörungskomponente macht es wirklich zwingend, sich mit diesem Gefühl auseinanderzusetzen und zu lernen, anders als gewohnt mit ihm umzugehen.

Hilfreiche Werkzeuge: *Achtsamkeit, Großzügigkeit und Mitfreude*

Wäre Neid ein Gift, wären Großzügigkeit und Mitfreude das Gegengift. Dieses Gegengift einzusetzen ist der Königsweg und die einzig wirklich tiefgreifende Herangehensweise. Ein anderes Wort für Neid ist Missgunst. Wir missgönnen jemandem etwas, und damit ist das Gönnen, also Großzügigkeit, das Gegenmittel.
Wichtig ist zu verstehen, dass es hier nicht um Moral geht oder um den erhobenen Zeigefinger, sondern um Weisheit. Moral ist dogmatisch und hilft uns nur in einem sehr begrenzten Rahmen. Weisheit ist universell und hilft uns, unabhängig von

Glaubenssätzen und Dogmen, der Situation angemessen und heilsam zu begegnen und das wirklich in jeder Situation.

Um wahrzunehmen, dass wir uns in einer Neidsituation befinden, ist die Schulung der Achtsamkeit wichtig. Außerdem hilft uns das Verständnis von Ursache und Wirkung, die Kraft aufzubringen, uns aus alten unheilsamen und gewohnheitsmäßig ablaufenden Verhaltensmustern zu lösen. Solange wir unser Denken und Handeln nicht verändern, werden wir automatisch immer die gleichen Situationen erleben. Reagieren wir beispielsweise gewohnheitsmäßig neidisch und mit Abwertung unseres Gegenübers, beschert uns der daraus resultierende geistige Eindruck immer neue Situationen, in denen wir neidisch werden und zwanghaft wieder mit Abwertung reagieren müssen. Wir bleiben in der neidvollen Wahrnehmung unserer Welt hängen. Die geistige Haltung des Neides schafft eine sogenannte Neid-Brille. Es entsteht die Wahrnehmung, dass alle anderen auch neidisch sind, keiner uns etwas gönnt und wir permanent zu einem Wettstreit herausgefordert sind. Durch unsere eigene geistige Aktivität des vermeintlichen Mangels und der Ichbezogenheit *(»ich muss mich schützen«)* schaffen wir unsere (Neid-)Wirklichkeit. Wenn Sie also merken, dass Sie glauben, andere seien neidisch, schauen Sie genau hin. Wir können bei anderen nur das wahrnehmen, was auch unserer eigenen geistigen Prägung entspricht.

Maßnahmen:
Achtsamkeit: Erlauben Sie sich, zu Forschungszwecken das Gefühl zuzulassen und es kennenzulernen, in seinen einzelnen Facetten. Beobachten Sie sich in Neidsituationen. Woran können Sie bemerken, dass Sie neidisch sind? Können Sie den Neid im Körper lokalisieren? Was fühlen Sie, was denken Sie? Wann sticht Ihnen etwas ins Herz? Werden Sie wütend, wenn sich jemand über seinen Erfolg freut? Entwerfen Sie sich in-

nerlich einen Neid-Steckbrief. Sobald sich dann das nächste Mal Neid zeigt, können Sie das Gefühl schneller identifizieren. Dann können Sie beginnen, es anzunehmen und damit zu arbeiten.

Um mit dem Gefühl des Neides zu arbeiten, ist es unerlässlich, sich selbst als neidischer Mensch, so wie man gerade ist, mit diesem Gefühl des Neides anzunehmen. Es muss noch nicht auf Anhieb klappen, aber die Situation wird sich schon dadurch enorm verändern, dass Sie sich zugestehen, gerade neidisch zu sein, statt sich dafür zu schämen und in die Verdrängung zu gehen.

Großzügigkeit und Mitfreude üben: Wenn Sie die geistige Aktivität des Neides bemerken, finden Sie heraus, worauf Sie neidisch sind, und üben Sie sich aktiv darin, dieses Neidobjekt in Ihrer Vorstellung der Person, auf die Sie neidisch sind, zu schenken. Üben Sie sich im Schenken, darin, von Herzen zu gönnen. Üben Sie sich darin, sich für die Person zu freuen, dass sie beispielsweise so großartige Kinder oder einen verständnisvollen und charmanten Partner hat. Freuen Sie sich für die Person, dass sie so ein großartiges Auto hat. Vielleicht tauchen auch direkt ironische Negativkommentare als Untertitel auf wie: »*Toller Porsche – musst du Potenzprobleme haben!*« Bemerken Sie diese Untertitel einfach als Reaktionen, und lassen Sie sich nicht beirren. Üben Sie weiter, und schauen Sie, ob es möglich ist, auf solche Kommentare zu verzichten. Versuchen Sie, immer authentischer in Ihrer Freude und Großzügigkeit zu werden und sich wirklich über die Leistung, das Aussehen, den klugen Satz oder was auch immer Sie auf die Neidpalme bringt, zu freuen. Es fühlt sich anfangs vielleicht etwas künstlich an, aber Sie können sehr wahrscheinlich schon recht schnell erleben, dass sich durch die Haltung der Großzügigkeit und Mitfreude auch Ihr eigenes Leid aufgrund

der Minderwertigkeits- und Mangelgefühle in ein Empfinden von Fülle, Freude und Sättigung wandelt.
Sie können auch konkrete Wünsche für Ihren Neiderreger formulieren. Nutzen Sie die vier grenzenlosen Kontemplationen in der Du-Form:

Mögest du glücklich sein.
Mögest du frei von Leid und dessen Ursachen sein.
Mögest du nie von der wahren, leidfreien Freude
getrennt sein.
Mögest du frei von Anhaften und Ablehnen in
Gleichmut verweilen.

Sie können diese Wünsche beliebig ausdehnen. Formulieren Sie eigene Wünsche, die Ihnen heilsam und stimmig erscheinen. Diese Wünsche gelten aber nicht nur für andere, sondern wir können sie immer auch auf uns selbst anwenden. Probieren Sie es aus. Immer wenn Sie neidisch werden und wenn Sie sich dann vielleicht auch noch über sich selbst ärgern, beginnen Sie für den Neiderreger, aber auch für sich selbst, diese Wünsche zu sprechen und sich mit dem Sinn dieser Wünsche zu verbinden. Weiten Sie dann Ihre Wünsche, wenn sie sich nach einiger Übungszeit authentisch anfühlen, auf alle Menschen aus, auch auf alle Wesen (wie zum Beispiel unseren kleinen Affen), die auch Neid und Eifersucht empfinden. Lassen Sie Ihre Übung global werden, und wünschen Sie allen, die auch so neidisch sind wie Sie, dass sich das quälende Gefühl auflösen möge und sie wirklich glücklich sein mögen. Dieses globale Wünschen schafft Verbundenheit mit anderen, löst Sie aus Ihrer kleinen, beschränkten Ego-Welt und vermehrt das Gefühl der Fülle. Probieren Sie es aus!

Nörgeln

Es gibt Tage, an denen kann es uns keiner recht machen. Irgendwie ist alles zu groß, zu klein, zu schwer, zu langweilig, zu dunkel ... Das Wetter ist schlecht, es regnet zu viel, es scheint zu viel die Sonne, es ist zu warm, es ist zu kalt. Es ist einfach alles das, was nicht sein soll. Wir verschanzen uns in unserem Schmoll- und Nörgelwinkel der Antihaltung. Die Satzergänzung »... ja, aber ...« gehört mit dazu. Uns wohlgesinnte Menschen versuchen ihr Bestes, uns aufzuheitern, doch sie dringen nicht zu uns durch. In solchen Situationen kann uns niemand helfen, nur wir selbst können es.

Was ist Nörgeln für eine geistige Aktivität, und was bewirkt sie? Nörgeln ist eine permanente Abwertung der jeweiligen Umstände, in denen wir uns befinden, der Menschen und materiellen Dinge in unserem Leben. Wie auch beim Neid empfindet der Nörgler einen Mangel und das Gefühl, zu kurz zu kommen. Nie ist etwas gut genug, immer fehlt etwas, nichts ist recht. Es ist eine innere Haltung des Mangels und des Forderns von der Außenwelt. Beim Nörgeln wird die Verantwortung für den empfundenen Mangel ganz klar nach außen verlagert, denn würden die Dinge perfekt sein, hätte der Nörgler ja kein Problem. *Würde es nicht dauernd regnen, hätte ich schon längst mit Joggen angefangen.* Doch die Volksweisheit: *Es gibt kein schlechtes Wetter, es gibt nur schlechte Kleidung,* weist uns unmissverständlich auf die eigene Verantwortung hin. Wer hindert mich daran, im Regen zu joggen? Nur ich selbst mit meiner Denkweise: *Im Regen werde ich nass, und deshalb kann ich nicht joggen.* Wenn uns das klar wird, kann es nur besser werden. Denn sobald wir erkannt haben, dass wir es selbst sind, die uns blockieren, können wir uns auch aktiv und selbstverantwortlich wieder um unser Leben kümmern.

Nörgeln ist eine effektive Art, sich selbst das Leben zu vermiesen und auch noch zu vermeiden, am Leben aktiv teilzunehmen. Jegliche Verantwortung wird der Außenwelt zugeschoben, wir haben eine prima Rechtfertigung, warum wir aufgrund äußerer Umstände dieses oder jenes nicht tun können. Dann lehnen wir uns bequem zurück und geben uns der Passivität und unserer Opferhaltung hin. Unser Umfeld reagiert mit Verständnis, versucht uns vielleicht auch noch aufzuheitern, damit wir bessere Laune bekommen. Ein durchaus komfortabler Zustand, denn wir brauchen nicht selbst aktiv zu werden, zumindest bis zu dem Moment, an dem unser Umfeld keine Lust mehr auf unsere Nörgeleien hat, alle Aufheiterungsmaßnahmen einstellt und beginnt, ein Leben ohne uns zu leben. Es wird unbequem und einsam. Wir sitzen auf der Couch, und keiner hört unserem Nörgeln mehr zu. Wo auch immer wir anrufen, keiner ist zu Hause. Treffen wir Freunde oder Bekannte, hören wir den Geschichten über wundervolle Erlebnisse aus deren Leben zu und merken, dass das Einzige, was wir erzählen könnten, Nörgeleien über das Wetter, den Hund, die Nachbarin, die Arbeitsstelle, die gesellschaftlichen Verhältnisse usw. wären. Doch über unser tatsächliches Leben können wir nicht viel erzählen, das existiert nicht mehr. Nörgeln schneidet uns vom Leben ab. Mit der Zeit reagieren immer mehr Menschen mit Ablehnung auf uns, da sie keine Lust auf Nörgeleien haben, sich in unserer Gegenwart unwohl fühlen, es sei denn, unser Freundeskreis ist ein Nörgelclübchen. Dann werden wir sehr viel Zustimmung bekommen, aber auch keine Notwendigkeit sehen, etwas zu verändern.

Gehen wir davon aus, dass Sie an Ihrer Situation etwas verändern wollen. Was können Sie tun, wenn Sie nicht mehr nörgeln möchten?

Hilfreiche Werkzeuge: *Achtsamkeit, Dankbarkeit und Großzügigkeit*

Die Achtsamkeit hilft Ihnen, in Kontakt mit dem zu kommen, was gerade passiert. Es regnet, und Sie ertappen sich dabei, dass Sie rumnörgeln? Sehr gut, das beweist, dass Sie achtsam sind.

Maßnahmen:
Achtsamkeit: Nehmen Sie wieder die Rolle eines objektiven Beobachters, einer objektiven Beobachterin ein. Üben Sie sich darin, immer früher wahrzunehmen, dass Sie Dinge, Situationen und Menschen negativ bewerten und daraufhin kritisieren und nörgeln. Werden Sie sich bewusst, wann Sie nörgeln und wie Sie sich dabei fühlen. Macht Nörgeln Sie glücklich oder unglücklich? Werden Sie zu Ihrem eigenen Nörgel-Spezialisten.
Dann schärfen Sie Ihre Wahrnehmung für die schönen Dinge. Beginnen Sie, in jeder Situation bewusst positive, angenehme, schöne Gegebenheiten, Eindrücke und Dinge wahrzunehmen, ohne sie jedoch konservieren zu wollen oder an ihnen zu haften. Es brauchen keine großen Ereignisse zu sein. Es können ganz kleine Gegebenheiten sein, beispielsweise *das vergnügte Lachen eines Kindes hören, heute Morgen keine Kopfschmerzen haben, Milchkaffee mit viel Schaum trinken, eine pünktliche S-Bahn erleben, Gänseblümchen auf der Wiese, die Tür aufgehalten bekommen, ein früher Feierabend, die Hose passt endlich wieder, Ihr Lieblingsfilm kommt im Fernsehen, Sie haben eine verlegte Telefonnummer oder einen echten Pfennig gefunden, ein Stück blauer Himmel bricht unvermittelt durch die Wolkendecke, Sonnenstrahlen wärmen Ihre Haut; sie beobachten interessante Wolkenformationen, entdecken die ersten grünen Blattspitzen nach dem Winter, der Duft von Schokolade,*

frisch gewaschene Wäsche ... Sammeln Sie. Es hilft, ein kleines Notizbüchlein mit sich zu führen und die Eindrücke darin zu vermerken. Was haben Sie beobachtet, wie haben Sie sich gefühlt, welche körperlichen Empfindungen gingen damit einher? Achten Sie darauf, wie sich Ihr emotionaler Zustand verändert. Wie nehmen Sie die Welt wahr? Wertschätzen Sie die kleinen, reichen Momente Ihres Lebens, werden Sie mit der Zeit innerlich eine immer größere Fülle erleben. Nörgeln erzeugt inneren Mangel und schneidet Sie von der Fülle des Lebens ab. Achtsamkeit und Bewusstheit schaffen Fülle. Diese Fülle lässt sich durch Dankbarkeit vervielfältigen.

Dankbarkeit: Beginnen Sie den Dingen, die Ihnen begegnen, mit aufrichtiger Dankbarkeit zu antworten. Danken Sie Ihren Sinnen, dass Sie dies alles durch sie erleben können. Danken Sie sich selbst, dass Sie sich in Achtsamkeit üben und damit in der Lage sind, dies alles zu erleben. Danken Sie dem Leben, dass es sich Ihnen so zeigt. Danken Sie den einzelnen Dingen und Gegebenheiten, dass sie sich Ihnen zeigen und Sie damit erfreuen. Diese Dankbarkeit erzeugt Wertschätzung, und damit erleben Sie Ihr Leben und die Dinge, Menschen und Situationen als wertvoll und bereichernd. Das Sahnehäubchen wäre nun, sich in Großzügigkeit zu üben und allen anderen zu wünschen, ebenfalls diese Fülle in ihrem Leben wahrzunehmen.

Großzügigkeit: Verschenken Sie innerlich das Schöne, das Sie gerade gesehen oder erlebt haben. Lassen Sie in Ihrem Herzen alle an diesem reichen Moment teilhaben. Stellen Sie sich vor, wie Sie das schöne Erlebnis, welches Ihnen vielleicht ein wohliges Gefühl gegeben hat, innerlich verschenken und dies der traurig ausschauenden Kassiererin ein Lächeln auf ihr zerknittertes Gesicht zaubert. Auch Ihr Umfeld hat schlechte Tage. Wünschen Sie den Menschen in Ihrer Umgebung, dass sie sich über die vielen kleinen Dinge wirklich freuen können. Das löst Sie aus Ihrer Ichbezogenheit und öffnet Ihren Geist. Durch diesen Wunsch und das innerliche Verschenken der schönen Eindrücke erleben Sie einen erneuten Kraftzuwachs und schaffen Verbundenheit mit allen anderen. Freude erzeugt Freude, Leid erzeugt Leid, und so schafft die geistige Übung der Fülle wiederum Fülle, genauso wie die geistige Übung des Mangels wiederum Mangel schafft. Also nähren Sie Ihre positiven Eindrücke, und lassen Sie andere daran teilhaben. Verschenken Sie imaginär alles, worüber Sie sich freuen, und wünschen Sie anderen aus ganzem Herzen, genau die gleiche Freude und Fülle zu empfinden. So wird selbst an einem Regentag immer ein Stück blauer Himmel für Sie offen sein.

Wut im Bauch

Etwas passiert, vielleicht zieht jemand hinter unserem Rücken über uns her, oder wir werden direkt angefeindet. Ein heißer Knoten ballt sich in unserem Bauch zusammen. Es brodelt gefährlich in uns – ein Gefühl macht sich breit, als wären wir ein Vulkan, der kurz vor der Eruption steht. Der Druck ist immens und die Gefahr sehr groß, dass wir uns und andere schädigen. Wut tut weh. Wut brennt uns aus. Sie ist pures Leiden, dem wir normalerweise durch das Ausagieren der Wut versuchen beizukommen. Um uns Erleichterung zu verschaffen, schreien wir herum, nutzen scharfe Worte, schmeißen Dinge, nur damit dieses quälende Gefühl aufhört, oder wir beginnen die Wut gegen uns selbst zu richten, quälen und verurteilen uns, bestrafen uns und entziehen uns selbst unsere Liebe. Doch statt der erhofften Erleichterung kommt der Kreislauf der Aggression erst richtig in Schwung, und das verschlimmert die Situation. Je häufiger wir Wut in dieser Weise ausagieren, umso eher neigen wir auch in zukünftigen Situationen dazu, so mit der Wut umzugehen, und es entsteht in uns eine Wutgewohnheit, die unser Leben entsprechend destruktiv zu prägen beginnt. Starke Wut ist eine geistige Hölle. Sie lässt uns blind für die Realität werden und schneidet uns von Klarheit, Liebender Güte und Mitgefühl ab. Vielleicht versuchen wir, Wut aus unserem Leben auszuklammern, indem wir uns dumpf stellen oder Menschen aus unserem Leben ausschließen, damit wir nicht mehr in diese Wut geraten. Möglicherweise ziehen wir auch in eine andere Stadt, wechseln unsere Arbeitsstelle oder flüchten uns in eine Scheinwelt der Heiligkeit, in der wir uns mit Duftlampen, Räucherstäbchen und Entspannungsmusik umgeben. Doch wo auch immer wir hingehen, es werden früher oder später wieder ähnliche Situationen auftauchen, die uns wieder an der gleichen Stelle reizen und unsere »Knöpfchen drücken«. Wir kommen letztlich nicht umhin, uns unserer Wut zu stellen. Wenn wir lernen möchten, mit dieser starken Energie konstruktiv umzugehen, anstatt sie wie gewöhnlich destruktiv gegen uns oder andere zu richten, müssen wir in unmittelbaren Kontakt mit dieser Energie kommen und dabeibleiben.

Hilfreiche Werkzeuge: *Achtsamkeit, Loslassen, Einsicht in Ursache und Wirkung sowie Vergänglichkeit, Liebende Güte und Mitgefühl*

Sich manifestierende Wut ist nichts anderes als die pure Ablehnung der jeweiligen Situation. Das Wuterleben wird durch weitere Ablehnung genährt und aufrechterhalten. Loslassen ist die Intervention, die jeweilige Situation nicht zu verfestigen, so dass sie sich schneller wieder auflöst und nicht unnötig durch unsere Dramatisierung angeheizt wird. Nichts zu verfestigen meint, die Dinge weiterfließen zu lassen, sie in ihrer natürlichen Dynamik des Aufsteigens, Bestehens und Vergehens zu belassen.

Maßnahmen:
Gehen Sie bei akuter Wut in Etappen vor:

Achtsamkeit: Bemerken Sie, was passiert. Erkennen Sie, dass Sie gerade wütend sind und nun am liebsten handeln würden. Kommen Sie in Kontakt mit dem Gefühl der Wut. Nehmen Sie wahr, welche geistigen und körperlichen Symptome damit einhergehen. Nehmen Sie bewusst die Haltung eines neutralen Beobachters, einer objektiven Beobachterin ein. Vielleicht rasen Ihre Gedanken gerade durch Ihr Oberstübchen, Ihnen wird ganz heiß oder total kalt. Vielleicht stehen Sie regungslos da, mit geballten Fäusten und angespannten Nacken- und Kiefermuskeln. Ihr Adrenalinspiegel ist hoch. Tränen steigen auf, Ihr Atem geht schneller, das Herz schlägt Ihnen bis zum Hals. Der starke Drang, sich zu verteidigen, steht, wie das Überlebensprogramm es vorgesehen hat, im Vordergrund. Am liebsten würden Sie jetzt schlagfertig und verletzend argumentieren, etwas werfen, schreien ... Nehmen Sie all das zunächst einmal einfach nur achtsam wahr.

Loslassen: Distanzieren Sie sich dann bewusst von diesen Handlungsimpulsen, indem Sie sich selbst »Stopp!« sagen und Ihre Aufmerksamkeit auf ein neutrales Objekt wie Ihren Atem lenken. Damit unterbrechen Sie den Aufschaukelungsprozess. Nehmen Sie unmittelbaren Kontakt zum Jetzt auf, und schaffen Sie sich darüber wieder Boden unter den Füßen. Atmen Sie! So schaffen Sie Raum für die weitere Gestaltung der Situation. Lassen Sie die Wutwelle auslaufen, ohne sich von der Flut wegreißen zu lassen und darauf aktiv handelnd zu reagieren. Wenn Ihnen das am Ort des Geschehens nicht möglich ist, gehen Sie aus dem Zimmer, auf die Toilette oder an die frische Luft. Halten Sie weiter Kontakt zu Ihrem Atem, und distanzieren Sie sich immer wieder von aufkommenden dramatisierenden Gedanken. Lassen Sie kein Drama zu! Was passiert mit Ihrer Wut, wenn Sie sich immer wieder von den Gedanken lösen und der Wut damit ihr Objekt entziehen?

Ursache und Wirkung: Machen Sie sich grundsätzlich klar, dass jede aus der Wut erfolgende Handlung die Situation nur noch verschlimmern würde und bei Ihnen und den anderen Beteiligten zu einem vertieften Erleben von Leid führt. Außerdem würde Ihre blinde Wutreaktion noch mehr Wutgewohnheit aufbauen (neurologische Aktivität), so dass Sie auch in Zukunft verstärkt mit ähnlichen Momenten rechnen müssen. Lassen Sie die Gegebenheit sich wieder auflösen, ohne dass Sie destruktiv darauf reagieren. So löst sich die Wutgewohnheit langsam auf, und es werden zukünftig weniger Wutsituationen entstehen.

Vergänglichkeit: Setzen Sie die Situation in einen neuen zeitlichen Rahmen. Welche Wichtigkeit wird die Situation für Sie in zehn Jahren haben? Hat sie dann noch das gleiche emotionale Gewicht?

Liebende Güte und Mitgefühl: Auch wenn es sich zu Beginn etwas künstlich anfühlen mag, ist es hilfreich, wenn Sie der destruktiven Kraft eine heilsame Kraft entgegensetzen. Wut löst sich auf, wenn wir uns in eine positive Geisteshaltung hinein entspannen. Nutzen Sie die transformierende Kraft von Liebender Güte und Mitgefühl durch die vier grenzenlosen Kontemplationen. Beginnen Sie im Geiste, still für sich zu formulieren:

Mögen alle Lebewesen glücklich sein.
Mögen sie frei von Leid und dessen Ursachen sein.
Mögen sie nie von der wahren, leidfreien Freude
  getrennt sein.
Mögen sie frei von Anhaften und Ablehnen in großem
  Gleichmut verweilen.

Anhaftung

Schon lange sitzt es Ihnen im Nacken. Der Keller muss aufgeräumt werden. Im Flur stapeln sich bereits lagerbedürftige Kleinteile und blockieren Ihre gewöhnlichen Laufstrecken. Und auf einmal ist der Tag der Tage gekommen, an dem Sie wahrhaft gezwungen werden, sich tatsächlich in die dunklen Tiefen Ihres Kellers zu wagen. Ihre kleine Tochter hat Geburtstag und eröffnet Ihnen vollkommen überraschend, dass Sie nicht nur die Verwandtschaft, sondern auch noch die halbe Klasse zu Kaffee und Kuchen eingeladen hat. Jetzt brauchen Sie dringend das Geschirr von Tante Erna. Und genau dieses Geschirr schlummert seit Ihrem Einzug vor gut 20 Jahren in dem hintersten Winkel Ihres Kellers. Ein Archäologe wäre beeindruckt, mit welcher Zielgenauigkeit Sie den Radius Ihrer Ausgrabungen bestimmen. Präzise arbeiten Sie sich durch die einzelnen Kartonschichten und heben innerhalb kürzester Zeit vergessene Schätze längst vergangener Epochen. Hosen mit Schlag, der süße kleine Strampelanzug und die kleinen Söckchen Ihrer längst erwachsenen Tochter kommen zum Vorschein. Plateauschuhe und Glitzerstirnbänder, Liebesbriefe und Jugendbücher, eine Stereoanlage (für die Sie mal richtig viel Geld bezahlt haben), kartonweise Fotos und Einmachgläser mit speziell angerührter, jedoch inzwischen steinhart gewordener Farbe. Sie meinen, irgendwann werden die alten

Sachen wieder modern, oder es wird die Zeit kommen, in der Sie den alten Kram gut gebrauchen können? Doch wer braucht Bröckelfarbe? Werden Sie sich heute freiwillig auf 30 Jahre alte Schuhe mit Plateauabsätzen schwingen und damit zum Supermarkt wanken? Und in die Konfektionsgröße Ihrer Jungmädchen-Blümchenbluse passt selbst Ihre zierlich gebaute Tochter nicht mehr hinein. Jetzt ist die Gelegenheit, sich von alten, längst abgetragenen Dingen zu trennen und dem Drang zu widerstehen, doch wieder alles aufzuheben. Es ist eine Übung in Abschiednehmen.

Hilfreiche Werkzeuge: *Achtsamkeit, Klarheit, Großzügigkeit und Loslassen*

Es kann hilfreich sein, sich bewusst zu werden, dass all diese gesammelten Dinge nichts anderes sind als Anker, die Sie in der Vergangenheit festhalten. Vielleicht können Sie das auch körperlich wahrnehmen und fühlen sich festgefahren oder beengt, wenn Sie Ihren Kellerraum betreten. Was ist zu tun?

Maßnahmen:
Achtsamkeit: Richten Sie Ihre Aufmerksamkeit auf das Jetzt aus. Was von all den Dingen ist für Ihr jetziges Leben wirklich noch relevant? Was kann Sie in Ihrem heutigen Leben unterstützen und Ihnen helfen? Welche Dinge können andere Personen heute unterstützen und ihr Leben bereichern oder vereinfachen? Bleiben Sie realistisch. Natürlich kann man sich nicht immer von allen Dingen trennen, doch schon ein paar Sachen loszulassen schafft Freiraum.

Verschaffen Sie sich Klarheit: Klarheit darüber, warum Sie an manchen Dingen hängen. Gibt es noch unabgeschlossene Prozesse? Ist es möglich, sie abzuschließen? Es kann hilfreich sein, sich durch Wegschmeißen oder Weggeben der damit verbundenen Sachen aus der alten Thematik zu lösen und sie bewusst hinter sich zu lassen. So wird jede Menge stagnierte Lebensenergie befreit. Sie befreien sich selbst.

Großzügigkeit: Sie brauchen gut erhaltene Sachen nicht wegzuwerfen. Es gibt Möglichkeiten, sie zu verkaufen oder zu verschenken. Verschenken ist ein Akt der Großzügigkeit, es macht einen selbst glücklich, und es macht andere glücklich. Verschenken Sie, was Sie verschenken können. Es gibt Kleiderkammern, wo gut erhaltene Stücke dankbare Abnehmer finden, genauso gibt es karitative Möbelhäuser etc. Vielleicht haben Sie auch Freude daran, Ihre gesammelten Schätze auf dem Trödelmarkt oder bei *ebay* zu verkaufen. Auch alte Bücher, die nicht mehr gelesen werden, sollten ihr Wissen und ihre Geschichten wieder in Freiheit verbreiten dürfen. Geben Sie sie an Bibliotheken, oder setzen Sie sie ins Internet. Manche Bücher sind vielleicht schon lange vergriffen. Können Sie sich vorstellen, was für ein großartiges Gefühl es ist, wenn man ein lange gesuchtes, vergriffenes Buch auf einmal findet und per Post zugeschickt bekommt? Mir ist es so ergangen. Ich hatte schon einige Monate lang eine Suchanzeige im Zentralarchiv antiquarischer Bücher laufen, als ich eines Morgens ein kleines unscheinbares Päckchen bekam. Ich hatte nichts bestellt und war überrascht. Als ich das Papier aufriss, kam ein kleines Buch zum Vorschein, das es seit vielen Jahren nicht mehr gab: *Wir haben vergessen, daß wir Buddhas sind* von Gendün Rinpoche. Mir schossen Tränen des Glücks in die Augen, so sehr freute ich mich. Dieses Buch bedeutet mir sehr viel, da es das erste Buch war, das mir in meiner größten Verwirrung Klarheit brachte, als mein geliebter Freund Mönch wurde und ich mich mutterseelenallein fühlte. Gendün Rinpoche ist damals zu meinem Herzenslehrer geworden.

Also, welche Schätze haben Sie im Keller? Tragen Sie sie wieder hinaus in die Welt, und machen Sie anderen Menschen eine Freude.

Loslassen: Die Übung des Loslassens ist die Übung des Raumgebens, des Durchlüftens. Ihr Keller wird sich leeren, so wie Ihr Geist sich gleichermaßen von alten Dingen verabschieden wird. So entstehen immer mehr Klarheit, Freiheit und Platz für Neues. Keller aufräumen kann eine wahrhaft spirituelle Praxis im Alltag sein.
Als ich Anfang des Jahres im Zuge eines inneren Neuanfangs mein Institut renovierte, trennte ich mich von allen alten Möbeln. Ich lagerte sie im Keller ein, da ich dachte, dass ich sie vielleicht irgendwann einmal wieder gebrauchen könnte. Doch immer wenn ich in den Keller kam und die alten Möbel sah, bekam ich ein beklemmendes Gefühl. Sie fühlten sich an wie Anker in der Vergangenheit. Also informierte ich alle Menschen, die ich kannte, per E-Mail-Verteiler darüber, dass ich Möbel verschenken wollte. Innerhalb von zwei Tagen waren alle Möbel in neue, fürsorgliche Hände abgegeben. Die eine verschönerte damit ihren Balkon, und die andere peppte das Zimmer ihrer Tochter damit auf. Alle waren glücklich, und es machte uns allen unglaublich viel Freude. Probieren Sie es aus, und Sie werden einen Kraftzuwachs spüren und sich mit weniger Altlasten beschwert fühlen. Und mit einem aufgeräumten Keller hat sich auch Ihr Geist geklärt, Sie werden sehen!

Verlust

Beziehungen scheitern, Freundschaften entzweien sich, Kinder gehen aus dem Haus, Menschen sterben, Arbeitsverträge werden aufgelöst. Das sind Tatsachen, denen wir nicht gerne ins

Gesicht schauen. Am liebsten ignorieren wir sie. Doch plötzlich ist es so weit. Die Tür fällt ins Schloss, und ein Lebensabschnitt liegt hinter uns. Wenn Sie jetzt nicht gerade zu den Menschen gehören, die sich jubelnd über die neugewonnene Freiheit freuen, lassen Sie uns schauen, wie Sie die Dinge für sich und für andere auf einen heilsamen Weg bringen können.

Was kann uns helfen, aus dem Erleben des Verlustes heraus, diese Erfahrung heilsam zu gestalten?
Was kann helfen, diese oft so quälenden Situationen leichter zu erleben?

Hilfreiche Werkzeuge: *Loslassen, Wertschätzung, Liebe und Mitgefühl sowie Akzeptanz*

Vielleicht haben Sie schon einmal den Begriff »abschiedliches Leben« gehört. Es bedeutet eigentlich nichts anderes, als sich in jedem Moment unseres Lebens darüber im Klaren zu sein, dass alles der Vergänglichkeit unterliegt, und diesen Umstand bewusst und entspannt anzuerkennen, also zu akzeptieren. Wir brauchen für diese Erkenntnis noch nicht einmal besonders kluge Bücher lesen. Die Vergänglichkeit können wir alleine schon an unserem Atem beobachten, am Vorrücken des Sekundenzeigers unserer Uhr. Abschiedliches Leben bezieht Wertschätzung und Loslassen ins Leben mit ein. Das kann beispielsweise bedeuten, dass ich meinem Lebenspartner morgens einen Abschiedskuss gebe, in dem Bewusstsein, dass es der letzte Kuss sein kann, da wir nicht wissen können, was als Nächstes passiert. Ein tibetischer Weisheitsspruch lautet: *Wir wissen nicht, was als Nächstes kommt, ein neuer Atemzug oder ein neues Leben.*
Deswegen brauchen wir nicht in Panik zu verfallen, denn seitdem wir geboren wurden, leben wir mit der Gewissheit, ir-

gendwann zu sterben. Auch wenn wir bisher die Augen davor verschlossen haben, es war noch nie anders. Der Tod erst macht das Leben möglich. Beides gehört zusammen. Wir bewegen uns die ganze Zeit auf unseren Tod zu, nur dass wir nicht wissen, wann er eintreten wird. Das Aufhören von Zuständen gehört zu unserer Existenz. Beziehung ist ein Zustand, Single-Dasein ist ein Zustand. Leben ist ein Zustand, Sterben ebenfalls. Wir erleben permanent neue Zustände, sie beginnen, verweilen und vergehen. Jeder Zustand ist geprägt vom Zusammenkommen bestimmter Faktoren, die zu dem Zustand führen, dann enden die Bedingungen, und der Zustand löst sich auf und vergeht. Unser Leben gleicht einer Kette solcher Prozesse, Moment für Moment. Es ist völlig normal, dass die Dinge so geschehen. Es gibt keinen Bereich unseres Lebens, der nicht von Bedingungen abhängig ist. Auch dieses Buch lesen zu können unterliegt Bedingungen: Licht, Zeitraum, Sehfähigkeit Ihrer Augen, vielleicht gar eine Sehhilfe wie eine Brille. Plötzlich geht Ihre Leselampe kaputt, und die Bedingungen haben sich damit schon verändert. Die Situation ist gestorben, und genau in diesem Moment des Todes der Situation ist eine neue Situation geboren worden – eben die Situation, in der Sie sich auf die Suche nach einer neuen Glühbirne machen. Wenn Sie dann eine neue Glühbirne eingedreht und sich wieder genüsslich auf Ihrem Leseplatz niedergelassen haben, ist die Situation wieder eine andere, auch wenn sie der ursprünglichen sehr ähnlich sein mag. Es gibt keine Wiederholungen, da die Bedingungen immer andere sind. Sie haben sich vielleicht einen Tee mitgebracht, Socken angezogen, das Licht der Lampe ist etwas schwächer oder stärker, Sie haben sich etwas anders hingesetzt.

Erst muss ein Zustand zu Ende gehen, damit ein neuer eintreten kann. Dem Zuendegehen eines Zustandes folgt unmittelbar ein neuer Zustand, in einer unaufhörlichen Kette. Alles wandelt sich, verändert seine Form, seinen Aggregatzustand, seine Zusammensetzung. Und schaut man genau hin, gibt es in diesem Sinne keinen wirklichen Tod, also kein absolutes Aufhören, sondern nur Veränderung, nur Wandlung, da sich das eben Vorhandene in eine neue Ordnung und Zusammensetzung bringt.

Was führt aber zu diesen unglaublich quälenden Gefühlen, die mit dem Verlust von etwas Liebgewonnenem einhergehen? Es liegt an der Verbundenheit, die wir zu dem liebgewonnenen Objekt herstellen, und dem, was wir daraus machen. Einen Menschen lieben wir nicht einfach nur, sondern wir halten an ihm fest, wir machen ihn zu einem Teil unserer selbst. Mit diesem Zustand des Liebens verbinden wir zusätzlich Erwartungen, Vorstellungen, Bilder und Träume von einem gemeinsamen Leben, wie es verläuft oder verlaufen sollte. Wir erleben also nicht nur einfach den Weggang eines Menschen, wenn er uns verlässt, sondern auch den Verlust eines Teils unserer selbst und den Verlust unserer Erwartungen, Vorstellungen, Pläne, Bilder und Träume, die wir mit dieser Person verbunden haben. Nicht selten erleben wir im Rahmen der Trennung auch eine Ent-Täuschung, das Zuendegehen einer Täuschung, einer falschen Vorstellung von dem, was wir gerne gehabt hätten.
Wir haften an. Wir kleben an dem, was war, was sein könnte, und unserer Vorstellung darüber, was sein sollte. Das wollen wir nicht loslassen, wir akzeptieren die Vergänglichkeit nicht und erleben daraufhin qualvolles Leiden.
Häufig verwechseln wir Liebe mit Anhaftung. Was ist der Unterschied? Liebe ist frei, offen, gewährend. Anhaftung ergreift Besitz, engt ein, stellt Bedingungen, will festhalten. Lieben wir jemanden und er oder sie verlässt uns, wünschen wir dieser Person, auch wenn wir aufrichtig traurig über ihren Fortgang sind, alles Glück der Welt. Haften wir allerdings an ihr, fühlen wir statt Trauer Verletztheit, sind gekränkt, wütend und wün-

schen der Person vielleicht sogar, dass sie unglücklich wird (und dann wieder zu uns zurückkehrt). Alle Handlungen, die wir aufgrund dieser Anhaftung ausführen, führen über kurz oder lang zu weiterem Leid.
Die Ausrichtung auf Loslassen, Wertschätzung, Liebe, Mitgefühl und Akzeptanz vermag uns aus unserem egozentrierten Verhalten und damit auch aus unserer Leidspirale herauszuholen.

Maßnahmen:
Loslassen, Akzeptanz und Wertschätzung: Um loslassen zu können, brauchen wir das Bewusstsein darüber, dass wir festhalten. Vielleicht wünschen Sie sich so sehr, dass die Vergangenheit zurückkommt. Spüren Sie, wie Sie mit allen Fasern Ihres Körpers und mit jedem Gedanken an der Vergangenheit festhalten, sie regelrecht umklammern? Erinnern Sie sich daran, dass die Dinge vergänglich sind, dass sie irgendwann unwiederbringlich vorbei sind – wie eine ausgebrannte Glühbirne. Sie sind Vergangenheit, und übrig bleibt nur die Erinnerung, flüchtig wie der Traum der letzten Nacht. Üben Sie sich in der Akzeptanz, dass nun eine bestimmte Situation zu ihrem natürlichen Ende gefunden hat. Das heißt nicht, dass Sie sie nun aus Ihrem Leben verbannen und ausschließen müssen. Nein. Sie gehört zu Ihrem Erfahrungsschatz, Ihrem vergangenen Leben, Ihren Erinnerungen. Sie darf da sein. Erinnern Sie sich an diese Zeit, in Wertschätzung. Geben Sie den Dingen einen Platz in Ihrer Erinnerung. Sie sind Teil Ihres vergangenen Lebens. Durch dieses Daseinlassen der Dinge, die sich in Ihrem Leben ereignet haben, bekommt das Jetzt wieder mehr Raum. Die Erlebnisse der Vergangenheit dürfen sich auf ihrem Ehrenplatz in unserer Erinnerung sanft und würdevoll niederlassen und zur Ruhe kommen, ohne von uns immer und immer wieder imaginär emporgeholt, festgehalten und in die Gegenwart verschleppt zu werden. Loslassen bedeutet eben nicht,

wie fälschlich oft angenommen, wegstoßen, ausradieren oder löschen. Loslassen bedeutet nur den Griff lockern und Raum geben. Es ist eine gewährende innere Haltung, welche die Dinge sein lässt, wie sie sind, ohne ihnen jedoch mehr Aufmerksamkeit als nötig zu geben. Beim Ende einer Paarbeziehung bedeutet es, anzuerkennen, dass die Bedingungen für diese Beziehung zum Ende gekommen sind und wir nun nicht mehr in einer Paarbeziehung leben. Wir sehen die Gesamtzeit unserer Beziehung, wie sie war. Eine Ansammlung von Erfahrungen, die unser Leben eine Zeit lang geprägt hat, in allen ihren Qualitäten. Manches war freudvoll, manches schmerzhaft, anderes neutral. Wir werten die Zeit weder ab, noch versuchen wir, sie zu glorifizieren und durch ein gedankliches Immer-wieder-Durchkauen oder ein ständiges Vergegenwärtigen der Erlebnisse zu konservieren. Es kann helfen, sich innerlich für die Zeit zu bedanken, die gewesen ist, und damit ganz bewusst die Zeit wertzuschätzen und damit in Dankbarkeit und Wertschätzung auch abzuschließen.

Es mag sein, dass Sie Groll empfinden. Vielleicht sogar mehr als das. Vielleicht ist es Wut, weil Sie sich verlassen, verletzt, hilflos und ungerecht behandelt fühlen. Oder Sie spüren Schuldgefühle. Diese Gefühle tauchen insbesondere beim Tod einer nahestehenden Person auf. Vielleicht ist der Tod plötzlich eingetreten, und sie konnten sich nicht voneinander verabschieden oder konnten nichts tun, um den Tod abzuwenden. Doch selbst wenn Sie beide Zeit hatten, sich darauf vorzubereiten, wird es einem meist immer noch zu plötzlich erscheinen. Immer wenn Sie diese Reaktionen an sich bemerken, sind Liebende Güte und Mitgefühl die Mittel der Wahl.

Liebende Güte und Mitgefühl: Sie heilen die Wunden aller Beteiligten und schaffen Erleichterung und Linderung des Verlustschmerzes. Hilfreich kann dabei die folgende Meditation sein.

Meditation zu Liebender Güte und Mitgefühl

Versuchen Sie, so weit es Ihnen möglich ist, Ihren Geist über den Atem zu beruhigen. Vielleicht spüren Sie Schmerz, Trauer, Angst, Gefühle des Verlassenseins, Wut, Ihr Schuldgefühl. Erlauben Sie sich diese Gefühle. Alles darf sein, wie es ist. Sie dürfen wütend sein, Angst haben, sich einsam und verlassen fühlen. Nehmen Sie Kontakt zu diesen Gefühlen auf, und geben Sie ihnen weiten, offenen Raum. Stellen Sie sich vor, wie viele Menschen auf dieser Erde in diesem Moment den gleichen Schmerz spüren. So viele Menschen auf der Erde sind gerade verlassen worden, haben jemanden verloren, den sie liebgewonnen haben, und müssen nun ihr Leben ohne diese Person weiterleben. Verbinden Sie sich innerlich mit diesen Menschen. Ihr Schmerz ist nicht verschieden vom Schmerz der anderen. Beginnen Sie, für sich selbst und für diese Menschen aus tiefstem Herzen Wünsche des Wohlergehens zu formulieren, vielleicht mit folgenden Worten oder ähnlichen:

Mögest du glücklich sein.
Mögest du dein Leid und deinen Schmerz überwinden.
Mögest du frei von Trauer sein.
Mögest du dich sicher und geborgen fühlen.
Mögest du erhalten, was du dir wünschst.
Mögest du bekommen, was du jetzt in dieser Situation am meisten brauchst.
Mögest du frei von jeder Täuschung werden.
Mögest du die Kraft zum Weiterleben finden.

Es werden Ihnen mit Sicherheit noch weitere, der Situation angemessene Wünsche einfallen. Wünschen Sie sich und allen anderen um sich herum einfach Glück und die Beendigung dieses qualvollen Zustandes. Verbinden Sie sich mit allen Menschen um Sie herum. Verlust betrifft uns alle. Die, die verlassen, und die, die verlassen werden.

Jetzt wenden Sie sich der Person zu, die Sie verlassen hat. Stellen Sie sich sie vor Ihrem geistigen Auge konkret vor. Beginnen Sie auch für diese Person heilsame, glückvolle Wünsche zu formulieren. Bedanken Sie sich bei ihr für die Zeit, die Sie gemeinsam verbracht haben, und erlauben Sie ihr nun bewusst und wertschätzend, weiterzugehen. Wünschen Sie ihr auf ihrem Weg alles Gute. Es mag sein, dass Sie ihr am liebsten alles Schlechte wünschen würden, weil sie Sie so verletzt hat. Bedenken Sie aber, dass diese Person aus ihrem eigenen Unvermögen, adäquate Mittel zu verwenden, um wirkliches Glück zu erzeugen, so gehandelt hat. Jedes gemeine, verletzende Wort, jede schädigende, aggressive oder gierige Handlung rührte nur daher, dass diese Person glücklich sein wollte, jedoch keine Ahnung hatte, wie das wirklich zu erreichen ist, was zu Glück und was zu Leid führt. Das rechtfertigt auf keinen Fall ihr Verhalten, es geht nur darum, zu verstehen, dass dieses schädigende Verhalten aufhört, wenn diese Person endlich verstanden hat, was wirklich Glück auslöst. Darum wünschen Sie gerade Ihren ärgsten Widersachern und Feinden, dass sie einen heilsamen und authentischen Weg zum Glück finden mögen, und das so schnell wie möglich! Mögest du glücklich sein und die Ursachen des Glücks besitzen! Bedenken Sie: Wenn sich dieser Wunsch auch nur in Ansätzen erfüllt, ist viel gewonnen. Das schädigende Verhalten wird als leidbringend erkannt, verworfen und das zukünftige Handeln heilsam ausgerichtet. Schon alleine den Willen aufzubringen, sich in diese Richtung zu bewegen, setzt den Fuß der Person auf einen heilsamen Weg und verändert alle zukünftigen Situationen. Ab diesem

Punkt kann es nur noch besser werden. Darum wünschen Sie allen Menschen, die unheilsam handeln, dass sie so schnell wie möglich erkennen mögen, was die wirklichen Ursachen für Glück sind, damit sie diesen Weg einschlagen können. Es gilt, keine Zeit zu verlieren und Energie durch negative Wünsche zu verschwenden, die doch nur wieder auf uns selbst zurückfallen.

Nehmen Sie wahr, was diese Wünsche in Ihnen auslösen. Wie fühlen Sie sich, wenn Sie jemandem etwas Negatives wünschen, und wie fühlen Sie sich, wenn Sie allen das Aufhören ihres Leides wünschen?

Sitzen Sie noch etwas in Stille, und verschenken Sie dann all das Gute, das durch diese heilsamen Wünsche entstanden ist, an alle Lebewesen.

Die Quelle der Kraft –
Innere Ruhe und Gelassenheit finden

Lass die Bewegungen des Körpers sich zur Natürlichkeit entspannen. Beende dein müßiges Plappern, lass deine Rede zu einem Echo werden.

TILOPA

Das 21. Jahrhundert – Zeitalter der uneingeschränkten Informationen und der Beschleunigung. Noch nie war die Welt so hoch technologisiert, noch nie waren Arbeitsabläufe so durchorganisiert und designt wie heute. Ja, es gibt wirklich Menschen, die sich mit dem Design von Prozessen auseinandersetzen und diese gestalten. Das Ziel bei allem ist: effektiver zu arbeiten und Zeit zu sparen. Trotzdem haben wir heute weniger Zeit als jemals zuvor. Die Welt scheint sich immer schneller zu drehen, und mit ihr drehen sich unsere Gedanken. Immer schneller kreisen sie in unserem Geist, ohne Unterlass, auch nachts. Schlafstörungen, Schwächegefühle, Muskelverkrampfungen, Ohrgeräusche, Depressionen und Ängste bis hin zu Panikattacken sind Ausdruck und Reaktion unseres Organismus auf diese immense Beschleunigung und unablässige Informationsflut, der wir uns bewusst oder unbewusst aussetzen.
Stille, Besinnung und Ruhe scheinen schon fast mythologische Begriffe aus einer fernen Zeit zu sein, und doch sind sie not-

wendiger denn je, damit wir unser Gleichgewicht bewahren oder wiedererlangen können. »*Sitz nicht einfach so rum, tu was!*« Wer hat das nicht schon mal gehört. Und jetzt? Jetzt tun wir dauernd irgendetwas, haben einen übervollen Terminkalender, erzählen uns gegenseitig, wie sehr wir unter Stress stehen, doch kaum wird uns ein Moment des Nichtstuns geschenkt, plagt uns schon das schlechte Gewissen, doch nicht einfach so unproduktiv herumsitzen zu können. Erschöpfungszustände ziehen sich chronisch durch unser Leben, gepaart mit einer permanenten Unruhe, Getriebenheit und übersteigertem Aktionismus. Augenblicke der Muße in den Tag mit einzuplanen ist häufig leichter gesagt, als getan. Bedeutet es doch, sich dann tatsächlich mit der auftauchenden Unruhe, resultierend aus dem erlernten, anerzogenen schlechten Gewissen, auseinandersetzen zu müssen, welches uns in der Ruhe einholen kann. Ein wirklich interessanter Punkt in unserer Entwicklung, tatsächlich erwachsen zu werden und sich aus überholten Konzepten und Mustern zu lösen. Diese Muster haben es uns als Kinder zwar ermöglicht, einigermaßen in unserer kindlichen Welt zurechtzukommen, doch als Erwachsene machen sie uns häufig das Leben schwer und führen sogar dazu, dass wir krank werden. Zu erkennen, dass wir Herr oder Frau unserer Zeit sind und es in unserer Entscheidung liegt, wie wir diese Zeit nutzen wollen, ist eine Station auf unserem Weg zum Erwachsenwerden. Vielleicht werden Sie mit Ihrer Angst konfrontiert, jemand könnte den Eindruck haben, dass Sie kein funktionierendes Mitglied der Gesellschaft sind, wenn Sie mal Pause machen. Doch was gewinnt eine Gesellschaft, wenn sich ihre Mitglieder verheizen, krank werden und dann von den übrigen »getragen« werden müssen? Es gibt eine Reihe von Studien zu diesem Thema, die sehr eindrucksvoll belegen, wie wichtig es ist, Ruhepausen einzulegen, und wie viel es uns als Gemeinschaft kostet, wenn Menschen permanent über ihre Leistungsgrenzen gehen.

Fakten

Laut BKK-Gesundheitsreport von 2008 betragen die Arbeitsunfähigkeitstage durch psychische Erkrankungen über 20 Prozent der betrieblichen Gesamtkrankschreibungen, unter anderem ausgelöst durch psychische Fehlbelastungen wie beispielsweise Stress am Arbeitsplatz. Hinzu kommen Fehlzeiten durch andere Krankheiten (u. a. Herz-Kreislauf-, Muskel- und Skeletterkrankungen), die ebenfalls psychisch mitbedingt sein können. Psychische Fehlbeanspruchungen führen jedoch nicht nur zu Erkrankungen, sondern auch zu verminderter Arbeitsfähigkeit, Leistungsabfall, Frustration von Kollegen, Mitarbeitern und Vorgesetzten, was sich wiederum negativ auf das gesamte Betriebsklima und somit auf die Arbeitszufriedenheit des gesamten Kollektivs auswirkt. Eine geringe Arbeitszufriedenheit erzeugt fast immer betriebliche Probleme hinsichtlich der Produktivität und der Qualität der Arbeitsergebnisse.

Ein paar Zahlen verdeutlichen dies: Die jährlichen Produktionsausfallkosten durch psychische Belastungen betragen in Deutschland 3,8 Milliarden Euro *(BAuA 2008)*. Laut Schätzungen führen diese Produktivitätsverluste zu einem Bruttoinlandsproduktverlust von drei bis vier Prozent der EU *(Europäische Kommission 2008)*. Zusätzlich müssen noch die Kosten für Behandlungen, Krankengeldzahlungen, Einnahmeausfälle und Erwerbsunfähigkeitsrenten von den Sozialversicherungsträgern getragen werden. Die Kosten der gesetzlichen Krankenversicherung für arbeitsbedingte Krankengeldleistungen betragen jährlich ungefähr zwei Milliarden Euro, davon alleine 300 Millionen Euro für psychische Krankheiten. Die finanziellen Folgen der Frühberentung durch psychische Erkrankungen belaufen sich auf 489 Millionen Euro für die gesetzliche Rentenversicherung *(Bödeker, W., 2008)*. Diese Kosten werden aus unseren Beiträgen und Steuern bezahlt, und da wir gerade in nicht so ganz einfachen wirtschaftlichen Zeiten leben, können wir über die Pflege unserer eigenen Gesundheit einen wesentlichen Beitrag zur Kostensenkung leisten.

Wenn Sie also das nächste Mal eine Pause brauchen und den Gedanken bemerken, nur dann ein funktionierendes Mitglied der Gesellschaft zu sein, wenn Sie produktiv sind, betrachten Sie es doch mal so: Die nächste Pause oder Mußestunde ist Ihr Beitrag zur Kostensenkung und zu einer funktionierenden, gesundheitsbewussten, damit auch langfristig produktiven und finanziell stabileren Gesellschaft.

Geistiges Kloster

Versuchen Sie, die Dinge ruhiger laufen zu lassen und Zeiten für Stille, Muße und Ruhe einzuplanen. Es wird uns nicht immer möglich sein, unser Umfeld ruhig zu gestalten. Auch ist es uns in unserem normalen Alltag, außerhalb der kostbaren Urlaubszeiten, kaum möglich, in klösterlicher Ruhe zu leben. Doch wir können einiges dafür tun, ein Kloster in uns selbst zu schaffen. Unser Geist ist dieses Kloster. Durch die vielen Informationen, die wir tagtäglich aufnehmen, kann es allerdings sein, dass sich unser inneres Kloster eher wie eine Müllhalde oder ein ziemlich geschäftiger, wuseliger Marktplatz mit viel Geschrei anfühlt, denn wie ein Ort der Ruhe. Dann ist es jetzt Zeit, aufzuräumen und zu putzen!

Das Leben aufräumen

Schauen Sie sich an, wie Sie Ihr Leben leben! Was davon hat tatsächlich Bestand und Relevanz? Fragen Sie sich: Was fördert meine innere Aufgeräumtheit, Stille und Klarheit? Wie viele und welche Informationen lasse ich in meinem Leben zu? Mit wie vielen Geschichten belaste und beschäftige ich mich? Was davon hat wirklich Bedeutung für mein Leben? Gibt es Raum und Zeit für Stille und Muße? Wenn nein, wo kann ich sie mir schaffen? Ganz praktisch: Müssen Sie sich morgens schon mit Radiogeplapper wecken lassen? Brauchen Sie kurz vor dem Schlafengehen zum zweiten oder dritten Mal die Schreckensmeldungen des Tages in Bild und Ton? Müssen Sie sich Arbeit mit nach Hause nehmen und sie auch noch mit in Ihr Bett schleppen? Ist es wirklich notwendig, bis spät in die Nacht im Fernsehen rumzuzappen oder im Internet zu surfen?

Räumen Sie Ihr Leben auf. Ich kenne kaum jemanden, der nicht darüber klagt, keine Zeit zu haben. Jeder wünscht sich, dass sich etwas ändert, und doch möglichst ohne etwas zu verändern. Das funktioniert nicht. Es wird sich nur etwas ändern, wenn Sie etwas verändern. Und das liegt in Ihren Händen, in Ihrer Verantwortung. Sie haben keine Zeit? Schauen Sie sich an, wie Sie leben, und setzen Sie Ihre Prioritäten. Der Schlüssel liegt auch hier in der Achtsamkeit. Im buddhistischen Krisen- und Stressmanagement geht es um die Etablierung von Achtsamkeit: das Leben bewusst wahrnehmen, bewusst gestalten, also Verantwortung für unser Tun und Lassen übernehmen, und das beinhaltet auch, dass wir für uns sorgen.

Schlüsselwort Gelassenheit

Betrachten wir das Wort »gelassen«, erkennen wir, dass es das Präteritum von »lassen« ist, also beinhaltet, die Dinge abgelegt zu haben und sie daraufhin auch nicht mehr aufzunehmen. Wir haben etwas gelassen, wir haben aufgehört, Dinge festzuhalten oder etwas damit zu machen. Damit kehrt ganz natürlich Ruhe ein, denn tatsächliche, authentische Gelassenheit führt unweigerlich zu tiefer innerer Ruhe und Entspannung. Das kann praktisch bedeuten, dass ich mich von Tätigkeiten verabschiede, die mir nicht guttun, und sie auch nicht mehr aufnehme. Ich habe es also *gelassen*, mich mit diesen Tätigkeiten weiter zu beschäftigen, und bekomme dadurch neue Freiräume, mental – weil ich nicht mehr darüber nachdenken muss – und zeitlich – da ich die freigewordenen Zeiträume nun anderweitig nutzen kann.

Wiederbelebung der Muße

Wenn wir Reizüberflutung, Anspannung und Problemen erlauben, sich in uns anzusammeln, werden wir früher oder später krank. Zeiten der Muße braucht unsere Psyche, um gesund zu bleiben, denn in dieser Zeit verarbeitet unser Hirn Eindrücke des Tages. Da wir solche Zeiten in unserem Tag meist gar nicht mehr einplanen, sondern direkt mit allen Eindrücken des Tages und den zusätzlichen Bildern aus der Flimmerkiste unmittelbar ins Bett gehen, leistet unser Hirn in der Nacht Schwerstarbeit, um die Eindrücke einigermaßen zu verarbeiten. Da wir immer mehr Informationen ausgesetzt sind, reicht die Nacht gerade in Stresszeiten nicht mehr aus, um uns ausreichend Erholung zu ermöglichen. Viele Eindrücke bleiben nur mangelhaft oder gar nicht verarbeitet. Zeiten der Muße unterstützen diesen Prozess der Verarbeitung. Planen Sie sich diese Mußephasen ein, gerade wenn Sie das Gefühl haben, Ihr Kopf platzt aus allen Nähten. Während Sie vielleicht sonst, wenn Sie nach Hause kamen, erst einmal den Fernseher eingeschaltet haben, um sich mit Geschichten und Bildern von Ihrem Tag abzulenken, können Sie die Zeit auch einmal anders nutzen, um Ihrem Geist tatsächlich Entspannung zu geben.

> ## Übung in Muße
>
> *Kochen Sie sich einen Tee, und setzen Sie sich ans Fenster. Schauen Sie hinaus, und geben Sie Ihren Gedanken Raum. Lassen Sie sie laufen, ohne einzugreifen oder etwas bewusst zu durchdenken. Lassen Sie das Spiel Ihrer Gedanken von selbst ablaufen. Betrachten Sie absichtslos die Wolken, den Regen, die Bäume, die Sonne, spielende Kinder. Sie dürfen sich einfach entspannen und absichtslos da sein, absichtslos schauen.*

Eine Viertelstunde kann dafür schon ausreichen. Schauen Sie, welche Zeitdauer für Sie stimmig ist. Ihre Eindrücke des Tages werden sich in dieser Zeit sortieren, und es wird Ihnen leichterfallen, sich konzentriert neuen Aufgaben zu stellen. Auch Ihre Meditation wird davon profitieren, da sie freier von den drängenden Eindrücken des Tages sein wird.

Edles Schweigen

Schweigen ist ebenfalls eine Möglichkeit, um unsere innere Ruhe zu fördern und Stille in unserem Leben zu etablieren. Schweigen meint nicht nur, dass das äußere Reden eingestellt wird, es bezieht auch unsere geistige Aktivität des permanenten Kommentierens und Plapperns mit ein. Schweigen kann sehr heilsam und entspannend auf den Geist wirken. In einigen buddhistischen Traditionen wird »Edles Schweigen« als Übung praktiziert, und das nicht ohne Grund. Gerade das Reden lenkt uns häufig sehr stark von uns selbst und unseren inneren Erfahrungen und Empfindungen ab. Reden kann eine Flucht sein, wenn uns etwas sehr berührt. Und anstatt uns tatsächlich von einem Wort oder einem Erlebnis berühren zu lassen, reagieren wir die dadurch entstehende Spannung häufig ab, indem wir schnell einen Scherz machen, der vielleicht das Gesagte schlagfertig kommentiert, um vom Wesentlichen des gerade Erlebten schnell abzulenken. Und noch etwas entsteht durch das Reden: Statt den Geist durch das Reden zu entlasten, wühlt es ihn auf, denn das Reden gibt immer neuen gedanklichen Input und weitere Impulse. Dem können Sie entgegenwirken.

Schweigezeiten einräumen

Beginnen Sie bewusst, Zeiten des Schweigens in Ihren Alltag einzubauen. Welche Tageszeiten eignen sich gut für inneres und äußeres Schweigen? Für mich persönlich sind es beispielsweise der Morgen und die Zeit vor dem Schlafengehen. Dies sind ebenfalls meine Meditationszeiten. In diesen Zeiten werden wenige äußere Anforderungen an mich gestellt, und es fällt mir leichter, ohne mein Umfeld in organisatorische Schwierigkeiten zu stürzen, in Stille zu sein. Es sind Zeiten, in denen mein Geist sich erholen kann und bildlich gesprochen die Füße hochlegt. Es gibt Tage, an denen sich mein Geist anfühlt, als hätte ein Wirbelsturm in ihm gewütet. Die Zeit des Schweigens ist eine Zeit des inneren Aufräumens, Glättens und Beruhigens. Die Zeit des Schweigens bedeutet auch, sich keinen weiteren Eindrücken auszusetzen, wie Fernsehen, Musik oder Büchern. Es ist eine Form des inneren Klosters, in dem der Geist natürlich zur Ruhe kommen kann. Gerade wenn unser Leben sehr schnell ist, ist die Zeit des Schweigens eine Insel, auf der die Hektik der Stille und Ruhe Platz macht. Das Gedankenkarussell kommt langsam zur Ruhe, und unser Nervenkostüm darf sich entspannen. Beginnen Sie mit kurzen Zeitabschnitten, laden Sie Ihre Kinder ein, ebenfalls stille Zeiten des leisen Sprechens und ruhigen Gehens auszuprobieren. Auch unsere Kinder leiden unter der Schnelligkeit und der Hektik des Alltags. Gewöhnen Sie Ihre Kinder daran, manchmal in Stille zu sein, und sie werden für ihr Leben profitieren, da sie schon von klein auf lernen, für sich selbst zu sorgen und das Hektik-Karussell zur Ruhe zu bringen.

Störungen integrieren

Entwickeln Sie aber keine Anhaftung an das Schweigen und die Ruhe. Es wird nicht immer möglich sein, alle Störquellen im Vorfeld auszuschalten, oder dass sich alle unseren Wünschen gemäß still verhalten. Es mag eine Nachbarin klingeln, der Postbote ein Päckchen bringen, unser Kind unsere Aufmerksamkeit brauchen. Geräusche werden auftauchen, weil unser Nachbar seine Wohnung renoviert, Kinder im Treppenhaus spielen oder die Straße vor unserem Haus aufgerissen wird. Das ist normal. Werden Sie innerlich locker, lassen Sie los. Zeiten des Schweigens heißt, dass Sie nicht reden. Es heißt nicht, dass es um Sie herum absolut still sein muss und jeder nur noch auf Zehenspitzen an Ihrer Zimmertür vorbeigehen darf. Sie üben im Alltag unter alltäglichen Bedingungen. Wenn es an der Tür klingelt, beobachten Sie Ihre Regungen. Werden Sie ärgerlich, weil man Sie stört? Dann registrieren Sie dies als ein Zeichen Ihrer Anhaftung an die Stille, doch machen Sie kein Drama daraus. Gehen Sie fließend mit den neuen Anforderungen um. Öffnen Sie dem Postboten die Tür, wenn Sie möchten, sprechen Sie das Nötigste, bewahren Sie sich dabei Ihre Achtsamkeit und auch Ihre Freundlichkeit, und lassen Sie danach die Situation wieder ziehen. Auf diese Weise können Sie einen wahren Teflon-Geist kultivieren, der sich sofort wieder von den Ereignissen löst, ohne Kommentar, ohne Bewertung, ohne Drama. Gehen Sie so mit jeder »Störung« um. Bleiben Sie innerlich zentriert, locker, entspannt und freundlich, und lösen Sie sich immer wieder von den jeweiligen Ereignissen. So können Sie lernen, trotz äußerer Unruhe innerlich Stille, Ruhe und Gelassenheit zu kultivieren.

Praxis im Alltag –
Übungen für jeden Tag

Wenn du unerwartete Umstände in den Pfad verwandeln willst, dann verbinde alles, was dir begegnet, sogleich mit Meditation.

CHEKAWA YESHE DORJE

Im Buddhismus geht es nur um eines: den Baum des Leides zu entwurzeln. Die Empfehlungen des Buddha:

- Richten Sie Ihr Leben positiv und heilsam aus.
- Üben Sie sich in Liebender Güte, Mitgefühl und Achtsamkeit.
- Schulen Sie Ihren Geist.
- Entwickeln Sie Klarheit, Mitgefühl und Weisheit.
- Üben Sie sich in diesen Punkten jeden Tag!

Beginnen Sie, Ihrem Alltag eine heilsame Struktur zu geben, und verfeinern Sie beständig Ihre Achtsamkeit, Ihr Mitgefühl und Ihre Weisheit, Ihre Geduld und Ihre Liebe zu allen Lebewesen. Kultivieren Sie einen friedvollen Geist. Lassen Sie alles, was Sie tun, von diesem friedvollen Geist und einer heilsamen, mitfühlenden Motivation durchdrungen sein. Tun Sie die Dinge des Alltags mit der Einstellung, sie zum Wohle aller Lebewesen zu tun, nicht nur für sich selbst. Beachten Sie dabei aber immer, dass auch Sie zu allen Wesen gehören. Sie sollten sich nicht märtyrerhaft vergessen, sondern sollten auch für sich selbst sorgen. Sorgen Sie in bestmöglichem Maße für sich, und sorgen Sie im gleichen Maß auch für andere.

Morgenmeditation

Beginnen Sie den Tag mit einer kleinen Meditation. Das schafft eine heilsame Gesamtausrichtung für den Tag. Statt also wie gewöhnlich den Kaffee hinunterzustürzen und fluchtartig das Haus zu verlassen, laden Sie Achtsamkeit und Klarheit in Ihr Leben ein. Geben Sie sich fünf bis zehn Minuten, nachdem Sie geduscht und sich angezogen, gefrühstückt und Kaffee getrunken haben. Setzen Sie sich auf Ihren Meditationsplatz, und sammeln Sie Ihre Aufmerksamkeit auf den Atem. Entspannen Sie Ihren Körper, und lösen Sie sich beständig von den aufkommenden Gedanken über den vor Ihnen liegenden Tag. Geben Sie sich die innere Erlaubnis, sich für diese Minuten in den offenen, weiten Raum Ihres Geistes hinein zu entspannen, in dem Sie nichts durchdenken, lösen oder planen müssen. Alles darf sein, wie es ist. Atmen Sie, und lösen Sie sich immer wieder von aufkommenden Gedanken. Üben Sie sich in Loslassen und Klarheit.
Fassen Sie am Ende der Meditation bewusst den Entschluss, den heutigen Tag zu nutzen, Ihre Fähigkeiten zu verfeinern, sich bewusst auf Klarheit, Sammlung, Offenheit, Mitgefühl und Wertneutralität auszurichten.
Beenden Sie die Meditation mit den Wünschen:

Mögen alle Lebewesen glücklich sein.
Mögen sie frei von Leid und dessen Ursachen sein.
Mögen sie nie von der wahren, leidfreien Freude
  getrennt sein.

Mögen sie frei von Anhaften und Ablehnen in großem Gleichmut verweilen.

Die Meditation mit diesen Wünschen abzuschließen öffnet Ihnen die Tür zu einem heilsam ausgerichteten Tag.

Stau-Meditation

Gerade wenn Sie wenig Zeit für die formale Übungspraxis haben, sollten Sie die Zeiträume nutzen, in denen Sie warten müssen, wie beispielsweise die Zeit im Stau. Statt sich selbst zu stressen, üben Sie sich während der morgendlichen Zeit im Stau in der geistigen Qualität des »Teflon-Geistes«, der an nichts anhaftet, sowie in Präsenz, Liebender Güte und Mitgefühl. Nutzen Sie die Zeit, indem Sie bewusst alle aufkommenden Gedanken ziehen lassen und sich immer wieder von aufkommenden Planungs- und Grübelgedanken lösen. Immer wenn Sie merken, dass Sie anfangen, über irgendetwas nachzudenken, holen Sie sich bewusst wieder zurück in diesen Moment im Stau. Atmen Sie bewusst ein und aus, betrachten Sie Ihre Umgebung bewusst, schauen Sie, wie es dort aussieht, wo Sie sich gerade befinden. Achten Sie auf kleine Details Ihrer Umgebung. Bemerken Sie es, wenn Sie immer und immer wieder das Nummernschild oder den Aufkleber des Vorderautos lesen, und lösen Sie sich von dieser Tätigkeit. Üben Sie sich in Präsenz. Bemerken Sie es, wenn Sie ungeduldig werden. Unterbinden Sie diesen Aufschaukelungsprozess der Ungeduld, indem Sie sich mit ihrem Atem und der inneren Haltung von Geduld verbinden. Sie haben keinen Helikopter, und der Stau dauert so lange, wie er eben dauert. Sie sind ein Teil des Staus, Sie sind Teil des Ganzen. Wenn Sie bemerken, dass Sie ärgerlich werden, achten Sie auf Ihre Bewertung, und nehmen Sie die Haltung eines neutralen Beobachters ein. Hören Sie auf, ein Drama aus der Situation zu machen.

Weiten Sie Ihre Präsenz auf die Menschen um Sie herum aus, die mit Ihnen in diesem Stau stehen. Fragen Sie sich, wie es ihnen wohl gerade geht, was sie beschäftigt, ob sie sich gestresst fühlen. Sich die Gesichter der Menschen in den umliegenden Autos anzuschauen schafft einen direkten praktischen Bezug zu ihnen, sonst könnte es sein, dass Sie nur in einer theoretischen Übung von Mitgefühl verweilen. Beginnen Sie, heilsame Wünsche für sie zu formulieren. Nutzen Sie die traditionelle Formulierung:

Mögen alle Lebewesen glücklich sein.
Mögen sie frei von Leid und dessen Ursachen sein.
Mögen sie nie von der wahren, leidfreien Freude
 getrennt sein.
Mögen sie frei von Anhaften und Ablehnen in großem
 Gleichmut verweilen.

Oder finden Sie Ihre persönlichen, eigenen Formulierungen, die Ihnen jetzt, für diesen Moment stimmig und heilsam erscheinen. Experimentieren Sie, und bemerken Sie, welche Auswirkungen diese Wünsche auf Ihr Gemüt haben.
Halten Sie die innere Präsenz und den mitfühlenden, wünschenden Aspekt auch nach dem Stau für den vor Ihnen liegenden Tag so weit wie möglich aufrecht.

U-Bahn-Meditation

Ganz ähnlich können Sie auch die Zeit in der U-Bahn, im Zug oder auch in anderen öffentlichen Verkehrsmittel nutzen. In öffentlichen Verkehrsmitteln haben Sie den Vorteil, dass Sie nicht auf den Verkehr achten müssen, und können konkret in dem Ihnen momentan möglichen Maß meditieren. Ich empfehle Ihnen, hier die Augen zu schließen, um niemanden mit dem für andere doch etwas befremdlich absichtslosen Blick zu verunsichern oder gar zu provozieren. Gerade zu Beginn Ihrer Meditationspraxis wird es für Sie wahrscheinlich auch leichter sein, sich mit geschlossenen Augen zu sammeln.

Setzen Sie sich dazu so aufrecht und entspannt wie möglich hin, schließen Sie die Augen, suchen Sie sich Ihren Atempunkt, und beginnen Sie, den Atem, Atemzug für Atemzug wahrzunehmen und bei ihm zu verweilen. Wenn Sie abschweifen oder müde werden, bringen Sie sich absichtsvoll wieder zurück in die Präsenz, zurück zum Spüren des Atems. Nehmen Sie Ihre Gedankenaktivität wahr, doch distanzieren Sie sich immer wieder vom Spiel der Gedanken, und kommen Sie wieder zurück zum Atem. Vielleicht werden Sie durch die manchmal sehr starke Geräuschkulisse abgelenkt. Bemerken Sie das, und achten Sie auf Ihre Empfindungen. Vielleicht werden Sie ungeduldig, ärgerlich oder beginnen, interessiert einem Gespräch zu lauschen. Lösen Sie sich davon, und kommen Sie wieder zurück zum Atem. Üben Sie so lange, wie Sie die Aufmerksamkeit wach und präzise halten können.

Dann öffnen Sie Ihre Augen wieder. Nutzen Sie den manchmal sehr engen Kontakt mit den Sie umgebenden Menschen zur Übung in Liebender Güte und Mitgefühl. Sehen Sie sich die Menschen an. Manche sehen Sie vielleicht jeden Morgen. Die einen finden Sie sympathisch, die anderen stören Sie, und ganz viele andere sind Ihnen wahrscheinlich vollkommen egal. Achten Sie auf Ihre Bewertungen. Nehmen Sie bewusst die achtsame Haltung eines wertneutralen Beobachters ein. Erinnern Sie sich daran, dass jeder Mensch glücklich sein und Leid und Schmerz vermeiden möchte. Beginnen Sie, sich in einzelne Menschen hineinzufühlen und zu erkennen, was sie gerade beschäftigt. Fühlen Sie sich in die vollkommen entnervte Mutter ein, die versucht, ihr zornig schreiendes Kind zu beruhigen und sich dazu auch noch ungebetene Ratschläge von den Umstehenden anhören muss. Sehen Sie den Vierzehnjährigen mit den geschlossenen Augen und iPod-Stöpseln in den Ohren. Er hat die Klassenarbeit versiebt, der Druck ist immens, sein bester Freund hat ihm gestern seine Freundin ausgespannt, und seine Eltern streiten sich dauernd. Seine Mutter weint fast jede Nacht, er kann sie hören. Er will nichts mehr hören – nur noch die Musik. Er will nichts mehr sehen – Augen zu und durch.

Sehen Sie, und fühlen Sie. Beginnen Sie, Mitgefühl für diese Menschen zu entwickeln, und weiten Sie dieses Mitgefühl immer weiter aus, denn jedes Lebewesen, ob Mensch oder Tier, fühlt Leid, Stress, Schmerz, Angst, Hilflosigkeit, Wut ...

Wünschen Sie allen innerlich, dass sie glücklich sein mögen, dass sie gute Lösungen für ihre Situationen erfahren, dass Sie Hilfe und Unterstützung erfahren, dass sich ihr Leid vollkommen auflöst. Nutzen Sie die traditionelle Form der Wünsche, oder finden Sie stimmige eigene Formulierungen. Schließen Sie sich selbst auch in diese Wünsche mit ein, so dass Sie nicht aus einer überheblichen Position heraus wünschen, sondern erkennen, dass Sie und die anderen grundsätzlich nicht wirklich verschieden sind.

Wenn Sie aus der Bahn steigen, versuchen Sie, sich diese Präsenz und mitfühlende Haltung, so lange es Ihnen möglich ist, zu bewahren.

Diese Form der Meditation können Sie übrigens auch in ähnlicher, leicht abgewandelter Form im Wartezimmer vor einem Arztbesuch oder auch in vielen anderen Situationen durchführen. Experimentieren Sie einfach.

Ampel-Meditation

Sehen Sie häufig rot? Nutzen Sie die Zeit. Ampeln sind praktisch eingebaute Meditationsinseln im Verkehrsalltag.

Statt sich also über dieses Verkehrsregulationssignal zu ärgern und der Ampel vorzuwerfen, dass sie nur wegen Ihnen extra auf Rot umgesprungen ist, nehmen Sie diesen Moment des Stehens zum Anlass für eine Pause. Eine Pause von Ihren Gedanken und Selbstgesprächen. Verbinden Sie sich an jeder roten Ampel mit Ihrem Atem. Kommen Sie bewusst zurück in den gegenwärtigen Moment. Atmen Sie ein, und seien Sie sich Ihres Einatmens bewusst. Atmen Sie aus, und seien Sie sich Ihres Ausatmens bewusst. Atemzug für Atemzug. Wenn Sie merken, dass Sie abschweifen und wieder anfangen, sich zu ärgern und in Selbstgespräche verfallen, distanzieren Sie sich davon, und bringen Sie Ihre Aufmerksamkeit zurück zu diesem Moment, zurück zum Spüren des Atems. Das entschleunigt und entstresst Ihren Arbeitsweg, ohne dass Sie deswegen langsamer gefahren sind. Sie haben nur die eingebauten Pausen genutzt, anstatt Ihren Ärger- und Stressfilm weiter ablaufen zu lassen und sich Dramatisierungs- und Aufschaukelungsprozessen hinzugeben.

Krisenintervention

Sie geraten in wachsenden Stress, erleben etwas Schlimmes, oder das Leben zieht Ihnen mit einem Ruck den Teppich unter den Füßen weg. Wenn die Schrecksekunde vorbei ist, beginnt Ihr Organismus auf biologischer Ebene mit Anpassungsprozessen und Hormonausschüttung. Und damit aus einer Mücke kein Elefant wird oder ein Elefant nicht zu einem Tyrannosaurus Rex, beginnen Sie durch die Achtsamkeit auf geistiger Ebene, den Anpassungsprozess zu optimieren.

Stabilisieren Sie sich, indem Sie, sobald Sie dazu in der Lage sind, Ihre Aufmerksamkeit auf den Atem richten. Wenn Ihr Atem Ihnen gerade Sorgen macht, richten Sie die Aufmerksamkeit auf ein anderes neutrales Objekt. Das kann ein großer

Baum vor Ihrem Fenster sein oder die bewusste Wahrnehmung Ihrer Hand, über die Sie die Oberflächenstruktur von etwas Berührtem erfühlen können.

Ihre Gedanken werden sehr wahrscheinlich mit einem Affenzahn durch Ihren Geist rasen, sich verstricken und verwirren, und drohen, Sie in Panik zu versetzen. Auch wenn es schwer ist, versuchen Sie, sich immer und immer wieder von ihnen zu lösen. Bringen Sie sich in die Präsenz des Augenblicks. Atmen Sie, sehen Sie, nehmen Sie wahr, was in Ihnen vorgeht. Bleiben Sie in Kontakt mit sich und der Situation. Welche Emotionen tauchen auf? Reagieren Sie nicht blind aus ihnen heraus. Warten Sie ab! Geben Sie sich Raum, zum Beispiel körperlich, indem Sie den Ort wechseln, das Zimmer verlassen oder auch einfach kurz mal die Augen schließen. Wenn das nicht geht, geben Sie sich Raum, indem Sie sich von den Gedanken distanzieren und die Position eines neutralen Beobachters einnehmen. Nutzen Sie den Atem oder das neutrale Objekt zur Aufmerksamkeitslenkung. Das mag Ihnen vielleicht nur für den Bruchteil einer Sekunde gelingen. Versuchen Sie es beständig weiter. Die Wogen der Geschehnisse kommen schneller zur Ruhe. Unterschätzen Sie nicht diese kleinen Momente des Abstands. Während wir sonst vollkommen von den Geschehnissen mitgerissen werden, können Sekundenbruchteile des Abstands in der betreffenden Situation schon eine große Veränderung ausmachen. Bleiben Sie präsent. Ein ganzes Einatmen lang, ein ganzes Ausatmen lang und dann wieder von neuem. Vielleicht hilft es Ihnen, sich auf die Toilette zurückzuziehen. Nehmen Sie den inneren Kommentator wahr, der permanent bewertet. Er erzählt Ihnen jetzt sehr wahrscheinlich, was alles gut und was alles schlecht, was katastrophal usw. ist. Distanzieren Sie sich innerlich von diesem Spiel. Bemerken Sie es, und bringen Sie sich mit Ihrer Aufmerksamkeit wieder zurück. Unterbinden Sie so den Dramatisierungsprozess.

Wir unterliegen häufig dem Zwang, sofort reagieren zu müssen. Wir denken, das wird von uns so erwartet. Lösen Sie sich davon. Denken Sie daran, Adrenalin-Entscheidungen haben nur Notfallcharakter und laufen nur im Entscheidungsmodus: Angreifen oder Flüchten. Geben Sie sich selbst Spielraum, und treffen Sie Entscheidungen später, wenn Ihr Adrenalinspiegel sich wieder etwas gesenkt hat. Das ist eine Übung in Weisheit. Alles andere verschlimmert die Situation, oder eventuelle Fehlentscheidungen führen zu neuen potenziellen Stresssituationen.

Richten Sie sich innerlich auf eine heilsame Handlungsweise aus. Allein die aufkommende Wut wahrzunehmen und nicht aus ihr heraus aktiv zu reagieren ist bereits eine heilsame Art, mit der Situation umzugehen. Das bedeutet allerdings auch, die Wut sich selbst gegenüber nicht auszuagieren, beispielsweise durch innere Beschimpfungen, Fressattacken oder anderes selbstschädigendes Verhalten.

Wenn Sie frühzeitig Ihre Aufmerksamkeit von Ihren chaotischen Gedanken zurück zum Atem lenken, vermeiden Sie destruktive Bewertungen und Aufschaukelungsprozesse und reduzieren damit die Adrenalinausschüttung. So schwächen sich das Drama-, Stress- und das Leiderleben automatisch ab.

Üben Sie sich in Präsenz, bleiben Sie im Kontakt mit Ihrem Atem, richten Sie Ihr Handeln heilsam und weise aus, vermeiden Sie Spontanreaktionen, und wenn es nichts Heilsames zu tun gibt, praktizieren Sie ganz bewusstes Nichts-Tun!

Üben Sie sich in Mitgefühl. Die meisten stressigen Situationen entstehen im Kontakt mit anderen Menschen. Üben Sie sich darin, allen Beteiligten Leidfreiheit und von äußeren Umständen unabhängiges Glück zu wünschen. Auch wenn es Ihnen gerade viel passender vorkommen mag, Ihrem Gegenüber ein wiederbelebtes Exemplar des Tyrannosaurus Rex an den Hals zu wünschen. Eine mitfühlende Haltung erzeugt Offenheit und reduziert das Empfinden von Leid. Eine aggressive Verteidigungshaltung mit dem Wunsch nach Rache erzeugt genau das Gegenteil. Sie brauchen nicht zu Mutter Teresa zu werden, üben Sie sich einfach nur, so weit es Ihnen in der Situation möglich ist, in dieser geistigen Einstellung, und schauen Sie, was dies bei Ihnen bewirkt, welche Auswirkungen dies auf Ihr Handeln im Außen hat, und wie Ihr Umfeld sich verändert.

Geh-Meditation im Park

Statt sich in der Mittagspause mit Ihren Kollegen in der Kantine Gesprächen über Arbeit, Gerüchten über eine geplante Entlassungswelle, die Finanzkrise oder den unmöglichen Kleidungsstil der neuen Kollegin hinzugeben, was Ihren Geist nur noch mehr auf Trab hält und nicht gerade zu geistiger Ruhe, Konzentriertheit, Wohlbehagen und Erholung führt, können Sie auch schauen, ob Sie sich nach einem vitaminreichen Snack einer Alternativpause widmen. Vielleicht gibt es in der Nähe einen kleinen Park oder zumindest eine Grünfläche. Sie brauchen nicht viel Zeit, nur ein paar Minuten, und doch ist die Übung so effektiv, als hätten Sie eine Stunde Pause gemacht.

Suchen Sie sich ein angenehmes Fleckchen Wiese, ziehen Sie Ihre Schuhe aus (wenn das Wetter es zulässt), und stellen Sie sich barfuß auf das Gras (selbstverständlich können Sie die Geh-Meditation auch mit Schuhen machen). Nehmen Sie bewusst das Gras unter Ihren Füßen wahr. Erspüren Sie, wie es sich anfühlt. Vielleicht spüren Sie Feuchtigkeit, Kühle oder auch Trockenheit und Wärme. Welche Empfindungen werden in Ihnen ausgelöst? Nehmen Sie es als angenehm oder unangenehm wahr? Seien Sie sich voll bewusst, dass Sie gerade barfuß auf dieser Wiese stehen. Vielleicht tauchen Gedanken auf. Das ist ganz normal. Folgen Sie ihnen nicht, richten Sie

Ihre Aufmerksamkeit zurück auf Ihre Wahrnehmung an den Füßen.

Beginnen Sie nun mit der Geh-Meditation, indem Sie Ihre Schritte mit Ihren Atemzügen synchronisieren. Wenn Sie einatmen, heben Sie den rechten Fuß an, und wenn Sie ausatmen, setzen Sie ihn wieder auf und rollen ab. Dann heben Sie einatmend den linken Fuß an und setzen ihn ausatmend wieder auf und rollen ab. Atmen Sie während des gesamten Abrollens aus. Setzen Sie so Schritt für Schritt im Einklang mit Ihrem Atem. Gehen Sie nicht wie ein Storch im Salat, es ist eine ganz normale Gehbewegung, nur eben etwas langsamer als normal, synchronisiert mit Ihrem Atem. Nehmen Sie wahr, was alles währenddessen passiert. Spüren Sie bewusst den Boden unter Ihren Füßen und wie Ihr Körper arbeitet, um das Gleichgewicht zu halten. Welche Muskeln werden angespannt, welche entspannen sich? Bemerken Sie es, wenn Sie gedanklich abschweifen oder in Selbstgespräche verfallen. Bringen Sie sich sanft, liebevoll, aber bestimmt wieder zurück in den gegenwärtigen Moment. Bemerken Sie die Empfindungen auf Ihrer Haut, den Wind, der Ihr Gesicht streichelt, die Wärme der Sonnenstrahlen auf Ihrer Haut, das leichte Prickeln einsetzenden Nieselregens. Üben Sie sich in Präsenz. Finden Sie sich in den Moment ein. Hier gehen Sie, auf dieser Erde, im Jetzt, atmen die Luft, die Sie umgibt, erleben, dass Sie leben.

Wenn Sie die Übung beenden möchten, bleiben Sie einen Moment fest auf beiden Füßen stehen. Nehmen Sie wahr, was gerade in Ihnen vorgeht. Wie fühlen Sie sich, was ist gerade in Ihnen präsent? Beenden Sie dann die Übung. Wenn Sie wieder an Ihren Arbeitsplatz zurückkehren, versuchen Sie, sich Ihre Aufmerksamkeit, so lange es Ihnen möglich ist, zu erhalten.

Variante
Selbstverständlich können Sie diese Übung der Geh-Meditation auch mit Schuhen und auch unabhängig von Grünflächen überall durchführen, beispielsweise beim Warten an der Bushaltestelle. Es wird kein Mensch merken, dass Sie meditieren. Das typische Auf- und Abgehen beim Warten können Sie für sich einfach als Meditation gestalten. Probieren Sie es auch in Ihrem eigenen Büro, auf dem Flur, beim Spazierengehen, auf dem Spielplatz, auf dem Bahnsteig, beim Einkaufen ..., wo auch immer Ihnen danach ist. Gerade wenn Sie sehr aufgewühlt sind und es Ihnen nicht gelingt, in der Sitz-Meditation Abstand von Ihren Gedanken zu finden, ist die Geh-Meditation eine hilfreiche Alternative.

Buddhas Kaffeepause

Ihr Tag läuft auf Hochtouren. Vielleicht sind Sie zufrieden, vielleicht aber auch nicht. Wie auch immer, Sie haben sich eine Pause verdient. Üben Sie sich im Abstandnehmen. Treten Sie einen Moment aus Ihrer Geschäftigkeit heraus, und geben Sie sich und Ihrem Geist wieder mehr Raum. Schalten Sie ganz bewusst für ein paar wenige Minuten vom Tun-Modus in den Sein-Modus. Machen Sie sich dazu eine leckere Tasse Kaffee (oder Tee), und zelebrieren Sie den Augenblick. Genießen Sie jeden Schluck Ihres Kaffees mit voller Aufmerksamkeit. Riechen Sie den Duft, der aufsteigt, spüren Sie die Wärme, die durch die Tassenwand dringt. Lassen Sie das Aroma Schluck für Schluck auf der Zunge zergehen. Spüren Sie, wie es Ihrem Körper geht, wie Sie sich fühlen. Und immer wenn Sie merken, dass Gedanken Sie ablenken, bringen Sie sich wieder zurück zu Ihrem Kaffee, zurück zur Wärme, zum Duft, zurück zu diesem Moment.
Beenden Sie die Kaffee-Meditation mit Wertschätzung und

Dankbarkeit für die Möglichkeit, dieses Getränk genießen zu können (bis der Kaffee in Ihre Tasse gelangt ist, hat er nämlich einen ziemlich langen und aufwendigen Weg hinter sich), und versuchen Sie, sich Ihre Aufmerksamkeit, Klarheit und Offenheit, die Sie beim Trinken hatten, so weit es geht für die kommenden Aufgaben zu bewahren.
Anregung: Wandeln Sie die Meditation nach Belieben ab. Statt Kaffee können Sie Tee oder auch jedes andere Getränk nehmen, oder machen Sie daraus eine Schokoladen-Meditation. Ihrer Phantasie sind keine Grenzen gesetzt.

Nach Hause kommen

Ihr beruflicher Arbeitstag ist beendet, und zu Hause wartet bereits Ihre nächste Vollzeitbeschäftigung. Während Sie in Gedanken noch im Büro sind und über die passende Problemlösungsstrategie für die morgige Sitzung nachdenken, stürzen die alltäglichen Anforderungen auf Sie ein. Die Kinder müssen bei den Hausaufgaben betreut und dann zum Sport oder Blockflötenunterricht gefahren werden, ein Berg Wäsche ruft »Wasch mich!«, der andere »Bügel mich!«. Einkaufen müssen Sie zwischendurch auch noch, danach noch schnell Ihre pflegebedürftige Mutter versorgen, den Lieben ein Abendessen vorsetzen, kurz noch in das Skript für die morgige Besprechung reinschauen und den Geburtstag fürs Wochenende durchplanen.
Geben Sie sich Zeit für Übergänge. Schaffen Sie sich ein Ritual, um den Arbeitstag hinter sich zu lassen und in Ihrem privaten Aufgabenbereich anzukommen. Das entschleunigt, schafft Abstand und mehr Raum für das, was jetzt anliegt. Vergessen wir, diese Übergänge bewusst wahrzunehmen, verschleppen wir Stimmungen, Sorgen, Gedanken und Aufgaben von einem Bereich in den nächsten und belasten uns weiter

damit. Dieses bewusste Gestalten der Übergänge schafft Klarheit und Bewusstheit für das, was wir tun und wie wir es tun. Zelebrieren Sie Übergänge, nehmen Sie sich jeweils etwas Zeit dafür. Nutzen Sie die Wegstrecke zwischen Arbeitsstätte und Zuhause, um sich vom Berufsalltag zu lösen und Abstand zu gewinnen. Hilfreiches Werkzeug: Achtsamkeit.

Während Sie fahren, seien Sie sich bewusst, dass Sie gerade fahren und den Berufsalltag hinter sich lassen. Gehen Sie langsam zu Ihrer Haustür, und nehmen Sie Ihre Schritte wahr, in dem Bewusstsein, von einem Lebensbereich in den nächsten zu wechseln. Zu Hause angekommen geben Sie sich Zeit. Wechseln Sie Ihre Kleidung, und streifen Sie damit den Berufsalltag bewusst ab. Vielleicht haben Sie Lust auf einen Tee oder etwas zu essen. Bereiten Sie sich das Entsprechende zu, und machen Sie es sich für eine halbe Stunde bequem. Genießen Sie mit allen Sinnen Ihren Tee. Schmecken Sie Ihr Essen, und erlauben Sie sich, jetzt erst einmal nur für sich selbst da zu sein. Sie können an dieser Stelle auch die eben vorgestellte Kaffee-Meditation oder eine ihrer Varianten durchführen. Wenden Sie sich nach dieser Zeit dann bewusst Ihrem nun auf Sie wartenden Aufgabenfeld zu.

Schauen Sie, wie es Ihnen mit dieser Übung geht. Vielleicht werden Sie Unruhe wahrnehmen, von Ihrem schlechten Gewissen geplagt werden oder sich vielleicht auch als Rabenmutter fühlen, wenn Sie Ihren Kindern oder Ihrem Partner gegenüber die halbe Stunde Pause vehement vertreten müssen. Nehmen Sie diese Gefühle bewusst und wertfrei zur Kenntnis. Beobachten Sie, wie Sie reagieren und welche Impulse in Ihnen aufkommen. Folgen Sie ihnen nicht *(Notfälle selbstverständlich ausgenommen).* Üben Sie sich bewusst in Nichts-Tun. Machen Sie sich klar, dass diese Pause auch Ihren Lieben zugute kommt, da Sie danach wesentlich offener, energievoller und bewusster für sie da sein können, als es Ihnen in einer

von der Arbeit erschöpften und gestressten Verfassung überhaupt möglich wäre.
Auch wenn dies auf den ersten Blick nicht sehr spirituell klingt: Dies ist wahre spirituelle Praxis im Alltag. Denn sie vereint die wichtigsten Kernelemente: Achtsamkeit, Bewusstheit, Klarheit, Liebevolle Güte und Mitgefühl.

Abendmeditation

Der Tag neigt sich dem Ende zu. Es wird allmählich ruhiger. Der Straßenlärm nimmt ab. Die Menschen ziehen sich zurück. Kinder werden ins Bett gebracht, und Stille kehrt ein. Geben Sie auch Ihrem Geist die Möglichkeit, von der Betriebsamkeit, vom Chaos und Stress des Tages Abstand zu bekommen und Ruhe zu finden.
Machen Sie es sich im Meditationssitz an Ihrem Meditationsplatz gemütlich. Entspannen Sie Ihren Körper, lösen Sie die Spannung Ihrer Muskeln. Richten Sie Ihre Aufmerksamkeit so entspannt wie möglich auf den Atem. Spüren Sie, wie es sich anfühlt, wenn der Atem ein- und wieder ausströmt. Bleiben Sie bei Ihrem Atem. Atemzug für Atemzug. Mehr gibt es nicht zu tun. Einfach nur sitzen und den Atem genießen. Die Gedanken kommen und gehen. Lassen Sie sie ziehen und in sich selbst zur Ruhe kommen. Jetzt für diesen Moment brauchen Sie keine Lösungen zu finden oder etwas Wichtiges im Kopf zu behalten. Lassen Sie alles ziehen. Wenn es Sie beruhigt, legen Sie einen Block oder ein Notizbuch bereit, und immer, wenn Sie das Gefühl haben, Sie dürfen etwas nicht vergessen, notieren Sie es sich und widmen sich unmittelbar danach wieder Ihrem Atem. Zu Beginn hallen vielleicht die Worte des Tages noch in Ihnen nach, und Ihr Geist bombardiert Sie regelrecht mit den Eindrücken und Gedanken des Tages. Lassen Sie sich davon nicht beeindrucken. Das ist ein vollkommen normaler

neurologischer Prozess der Verarbeitung. Füttern Sie diese Vorgänge jedoch nicht mit neuen Gedanken und Ideen, die Ihnen dazu einfallen würden. Lassen Sie die Gedanken durch Ihren Kopf toben, und bleiben Sie mit Ihrer Aufmerksamkeit einfach nur beim Genießen Ihres Atems. Sie werden merken, dass die Gedanken und die Bilderflut mit der Zeit weniger werden und abebben. Bleiben Sie weiterhin sitzen, und genießen Sie die Stille des Abends. Der Tag ist vorbei. Sie haben für diesen Moment nichts weiter zu tun, als sich mit entspannter Aufmerksamkeit dem Fluss des Atems zu widmen.
Beschließen Sie die Meditation mit den vier grenzenlosen Kontemplationen für das Wohl und das Glück aller. Üben Sie sich danach in Loslassen und Großzügigkeit, und widmen Sie alles Heilsame, das durch die Meditation, Ihr Tagewerk und Ihre Bemühungen in Achtsamkeit entstanden ist, dem Glück und der Leidfreiheit aller Lebewesen.
Gehen Sie nun mit diesem zur Ruhe gekommenen, offenen Geist in die Nacht, ohne ihn wieder mit dem Lesen eines Buches oder Fernsehen neu aufzuwühlen oder zu beschäftigen. Aus meiner eigenen Erfahrung kann ich berichten, dass der Schlaf nach der Meditation wesentlich erholsamer und auch ruhiger verläuft als nach Fernsehen oder Bettlektüre.
Gute Nacht.

Frieden schließen –
Die heilsame Kraft der Vergebung

*Vergebung erlaubt uns, von der Vergangenheit
abzulassen und einen Neuanfang zu machen. Vergebung
kann man nicht erzwingen. Wenn wir jedoch mutig
genug sind, unser Herz für uns selbst zu öffnen, dann
wird Vergebung zum Vorschein kommen.*

PEMA CHÖDRÖN

Zum Ende dieses Buches möchte ich mich noch einem wichtigen Bereich widmen: der Vergebung. Denn nicht nur aktuelle Krisen und Stresssituationen belasten unser Leben, sondern auch alte, nicht abgeschlossene Geschichten ziehen wie Gespenster durch unser Jetzt und beschweren unser Sein. Manchmal fühlen wir uns wie gelähmt, ohne Energie, haben Angst oder spüren eine permanente Anspannung oder Wut, ohne einen aktuell erkennbaren Grund. Um das Jetzt zu leben, muss die Vergangenheit losgelassen werden.

Es kostet viel Energie, Menschen, die uns verletzt haben, aus unserem Herzen auszuschließen, gerade wenn sie uns sehr nahestehen. Es ist eine gewaltsam erzeugte Lücke, die wir andauernd verteidigen müssen. Der Kampf gegen etwas, die Ablehnung von etwas sind kraftaufwendig, und die Abwehr von dem, was wir nicht haben wollen, ist die Hauptursache unseres Leidempfindens.

Dinge sind geschehen. Sie gehören zu unserem Erfahrungsschatz. Niemand kann sie aus unserem Gewahrseinsstrom entfernen. Sie haben uns geprägt. Die Einladung des Buddha ist, Frieden mit den Dingen zu schließen. Es ist eine liebevolle, gewaltfreie Herangehensweise. Und erst durch dieses Friedenschließen kann Heilung entstehen. Denn nur der Widerstand und die Abwehr halten die Wunde offen.

Friedenschließen und Vergebung meint nicht, sich mit den Dingen, die geschehen sind, einverstanden zu erklären, sondern es bedeutet, im Jetzt die Heilung der Wunde, die entstanden ist, einzuleiten und den Geist von destruktiven und zerstörerischen Gedanken, die unser Leben zerfressen, wie Zorn, Hass und Rache, abzuwenden und uns stattdessen heilsamen und konstruktiven Gedanken zuzuwenden, die sich langfristig förderlich auf unser Leben und unsere Gesundheit auswirken. Etwas zu verzeihen heilt uns, auch wenn es nicht immer ein leichter Schritt ist.

Um sich der Vergebung anzunähern, möchte ich Ihnen die folgende Meditation vorstellen. Ich möchte Sie ermutigen, sich ihr experimentell anzunähern. Probieren Sie sie aus, langsam, in Ihrem Tempo. Sie brauchen nicht alles auf einmal zu machen, sondern können sich ruhig über einen längeren Zeitraum mit dieser Meditation anfreunden. Abschnitt für Abschnitt, Schritt für Schritt, Tag für Tag, Woche für Woche, Monat für Monat. Vergebung ist ein Prozess. Sich allein schon dieser Möglichkeit der Vergebung zuzuwenden, sich zu öffnen, das ist schon bemerkenswert, wenn man bisher eher versucht hat, die Tür fest verschlossen zu halten. Vielleicht mag es sich anfänglich etwas künstlich anfühlen. Das ist völlig normal. Lassen Sie sich davon nicht beirren. Üben Sie einfach weiter.

Vergebungsmeditation

Machen Sie es sich auf Ihrem Meditationsplatz bequem. Nehmen Sie eine aufrechte, würdevolle Haltung ein. Lassen Sie Ihren Körper zur Ruhe kommen, und richten Sie Ihre Aufmerksamkeit auf den Atem. Die Gedanken kommen und gehen, folgen Sie ihnen nicht, bleiben Sie bei Ihrem Atem. Lassen Sie Ihren Geist zur Ruhe kommen.

Wenden Sie sich sich selbst zu. Spüren Sie in sich hinein. Gibt es etwas, was Sie sich selbst nicht verzeihen können? Vielleicht haben Sie sich selbst oder jemand anderen mit Worten oder Taten verletzt oder geschädigt. Lassen Sie die Bilder dazu hochkommen. Sehen Sie den eigentlichen Grund Ihrer Reaktionen. Waren Sie verwirrt? Hatten Sie Angst? Fühlten Sie sich hilflos? Spüren Sie in sich hinein, nehmen Sie Kontakt auf. Manchmal werden die Gefühle durch diese Bilder erst wieder präsent. Erlauben Sie sich, die Situation anzunehmen, mit Liebender Güte und tiefem Mitgefühl. Hören Sie auf, sich selbst dafür zu verurteilen oder sogar zu zerstören. Die Situation ist Vergangenheit. Erlauben Sie sich, sich von der alten, vergangenen Situation in Respekt zu lösen, und richten Sie Ihre geistige Kraft der Heilung dieser Wunde zu. Erlauben Sie sich, sich selbst zu verzeihen, und sagen Sie zu sich die Worte: »Ich vergebe dir.« Lassen Sie sich von Ihrer eigenen Vergebung berühren, und gestatten Sie sich wirklich, sich für das, was passiert ist, in Mitgefühl und Liebender Güte zu verzeihen. Dann lassen Sie die Situation sich langsam auflösen.

Stellen Sie sich jetzt einen Menschen vor, den Sie verletzt haben und der wütend auf Sie ist. Lassen Sie sein Bild aufsteigen und auch die Verletztheit, die Wut, den Ärger dieses Menschen. Bitten Sie diese Person um Vergebung. Lassen Sie zu, dass Ihnen vergeben wird. Vielleicht können Sie sich die Person konkret vorstellen, wie sie Sie anschaut in dieser Zwiesprache und Ihnen ein Zeichen gibt, vielleicht mit dem Kopf nickt, Sie in den Arm nimmt oder Ihnen sagt: »Ich vergebe dir.« Lassen Sie zu, dass Ihnen vergeben wird, auch wenn sich vielleicht Zweifel in Ihnen regen, ob Sie es verdient haben oder ob Sie mit sich selbst zu nachsichtig sind. Wir sind meist unsere schärfsten Richter. Öffnen Sie sich der Vergebung. Erlauben Sie sich, diese Vergebung zu spüren. Und dann lassen Sie diesen Menschen seinen Weg weitergehen. Formulieren Sie Wünsche für sein Wohlergehen, und lassen Sie ihn in Frieden ziehen. Er hat Ihnen vergeben.

Nun richten Sie Ihre Aufmerksamkeit auf einen Menschen, der Ihnen Kummer und Schmerz bereitet hat. Schauen Sie, ob es möglich ist. Gehen Sie sanft mit sich um. Lassen Sie langsam, wenn es für Sie an der Zeit ist, ein Bild entstehen. Vielleicht fühlen Sie in Ihrer Herzgegend Widerstand, Enge. Alles darf da sein, nichts muss anders sein. Sitzen Sie, atmen Sie. Sie sind sicher im Hier und Jetzt, alle Bilder, die aufsteigen, sind Traumbilder Ihrer Vergangenheit. Lassen Sie sich Zeit. Laden Sie diesen Menschen ein, es ist nur für diesen Moment, nur als Experiment. Auch dieser Mensch hat aus Verzweiflung und Unwissenheit gehandelt. Er handelte aus seinem eigenen Leid heraus, aus eigener Furcht, dem Unvermögen, Liebe zu geben, aus Überforderung, Stress, Prägungen, Erfahrungen und Verwirrung. Lösen Sie sich aus Ihrer Verhärtung, und richten Sie sich auf die Heilung dieser Situation aus. Lassen Sie Liebe und Verstehen zu dieser Person fließen, damit sie fähig werden mag, Liebe zu geben und tief zu verstehen. Berühren Sie dann Ihre Wunde, und schließen Sie sie, indem Sie Ihrem Gegenüber in dem Wissen verzeihen, dass er aus seinem eigenen Unvermögen so gehandelt hat. Sagen Sie ihm still: »Ich verzeihe dir.« Dann, wenn es für Sie an der Zeit ist, lassen Sie diesen Menschen langsam gehen. Formulieren Sie Wünsche für sein Wohlergehen, und lassen Sie ihn in Frieden ziehen.

Lassen Sie anschließend diese Vergebung sich ausbreiten und alle Lebewesen umfassen.

Mögen alle Wesen sich selbst vergeben.
Mögen alle Wesen anderen vergeben.
Mögen sie friedlich sein.
Mögen sie glücklich sein.
Mögen sie frei von Leid und dessen Ursachen sein.
Mögen sie nie von der wahren, leidfreien Freude getrennt sein.
Mögen sie frei von Anhaften und Ablehnen in großem Gleichmut verweilen.

Sitzen Sie danach noch etwas in Stille, und beenden Sie die Meditation, indem Sie all das Heilsame, das aus dieser Meditation entstanden ist, dem Wohl aller Lebewesen widmen.

Der Weg entsteht beim Gehen – Schritte in die Freiheit

Wenn Sie fragen, wie in aller Welt Sie das denn jemals hinkriegen sollen, dann ist die Antwort ganz einfach. Nehmen Sie den Dharma persönlich, ergründen Sie ihn mit Ihrem ganzen Herzen, und entspannen Sie sich.

PEMA CHÖDRÖN

Wenden wir die Empfehlungen Buddhas in unserem Leben wirklich an, werden wir mehr und mehr in der Lage sein, die Herausforderungen des Lebens zur Entwicklung unserer Qualitäten zu nutzen. Schwierigkeiten und Probleme werden deswegen nicht einfach verschwinden, doch wird es uns mit wachsender Übung zunehmend möglich, unser kostbares Leben unabhängig von äußeren Bedingungen aktiv zu gestalten und immer mehr Freiheit, Klarheit, Glück, Zufriedenheit und Zuversicht selbst in schwierigen Zeiten zu erleben.

Der Weg entsteht beim Gehen. Er entwickelt sich – Schritt für Schritt, Augenblick für Augenblick. Darauf können wir vertrauen. Alles auf diesem Weg wird eine Quelle der Weisheit sein, wenn wir sie zu erkennen und zu nutzen wissen.

Von Herzen wünsche ich Ihnen viel Freude und alles Gute auf Ihrem Weg. Mögen Sie entspannt und glücklich sein.

Anhang

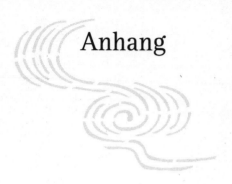

Dank

Ich danke meinen Lehrern, Lama Drime Öser, Lama Yeshe Sangmo und Lama Dordje Drölma, die mir in meinen Krisenzeiten beigestanden haben und mich seit vielen Jahren immer wieder geduldig begleiten, von ganzem Herzen für den wertvollen Gedankenaustausch und ihre liebevollen und klaren Belehrungen, die meine Praxis und meine daraus erwachsende Erfahrung prägen. Ich danke Lama Sönam Lhündrup für seine erste Belehrung über das Loslassen, an die ich mich immer wieder erinnere. Ich danke Gelek für seine Freundschaft und dafür, dass er meinen Fuß auf den sicheren Pfad der Erleuchtung setzte, indem er mich in Kontakt mit dem Dharma und dem Dhagpo-Mandala brachte, mir die Meditation und alle meine Anfangsfragen geduldig erklärt hat und mich an seinem spirituellen Weg teilhaben lässt. Ich danke Karsten für seine treue Liebe und Geduld, seine vielen Anregungen und dafür, dass er mir in schwierigen Zeiten immer wieder Mut und Kraft gibt und mir bei der Verwirklichung meiner Projekte zur Seite steht. Ich danke meinen Eltern aus ganzem Herzen für alles, was sie für mich getan haben und dass sie mir dieses freie, unabhängige und gute Leben ermöglicht haben, und ganz besonders meiner Mutter für ihre Hilfe beim Korrigieren. Ich danke meiner Agentin und Lektorin Ursula Richard für unsere schöne und unkomplizierte Zusammenarbeit, die vortreffliche Vermittlung und die vielen hilfreichen Anregungen bei der Fertigstellung des Manuskripts.

Mögen alle Wesen glücklich sein und die Ursachen des Glücks besitzen. Mögen sie frei von Leid und dessen Ursachen sein. Mögen sie niemals von der leidfreien Freude getrennt sein.

Adressen

Infos zur Stressbewältigung durch Achtsamkeit (MBSR) und Achtsamkeitsbasierter Kognitiver Therapie (MBCT) + Verzeichnis der Weiterbildungsinstitute und zertifizierte MBSR- und MBCT-Lehrer nach Postleitzahlen sortiert:
MBSR/MBCT-Verband
Muthesiusstraße 6 • D-12163 Berlin
Tel.: +49 (0)30-79 70 11 04
Fax: +49 (0)30-79 70 28 86
kontakt@mbsr-verband.org
www.mbsr-verband.org

Infos, Kurse, Seminare und Retreats zur Achtsamkeit und Meditation, achtsamkeitsbasierten Stressbewältigung (MBSR), Psychotherapie nach dem Heilpraktikergesetz und zum Coaching:
Institut für Achtsamkeit Düsseldorf
Maren Schneider
Bahlenstraße 42 • D-40589 Düsseldorf
Tel.: +49 (0)2 11-220 41 26
info@mbsr-duesseldorf.de
www.mbsr-duesseldorf.de

Buddhistische Kurse und Seminare, Retreat- und Praxis-Platz der tibetisch-buddhistischen Karma-Kagyü-Tradition:
Zentrum für buddhistische Studien und Meditation
Hofmannshöhe 1 • D-36433 Moorgrund-Möhra
Tel.: +49(0)36 95-85 07 52
dharmazentrum-moehra@gmx.de
www.dharmazentrum-moehra.de

Verzeichnis von Meditationsgruppen deutschlandweit und Informationen zum Buddhismus:
Deutsche Buddhistische Union e.V.
Amalienstraße 71 • D-80799 München
Tel.: +49(0)7 00-28 33 42 33
dbu@dharma.de
www.dharma.de

Österreichische Buddhistische Religionsgesellschaft
Fleischmarkt 16
A-1010 Wien (Österreich)
Tel.: +43(0)1-512 37 19
office@buddhismus-austria.at
http://buddhismus-austria.at

Schweizerische Buddhistische Union
Postfach 1809
CH-8021 Zürich (Schweiz)
Tel.: +41(0)1-461 15 24 (jeweils Dienstag 8:00-12:00 Uhr)
info@sbu.net
www.sbu.net

Literaturtipps

Achtsamkeit & Meditation:

Pema Chödrön: *Wenn alles zusammenbricht*, München: Goldmann-Arkana 2001

Pema Chödrön: *Suche die Freude: Durch Lojong-Übungen Mitgefühl und Furchtlosigkeit entwickeln*, München: Goldmann 2009

Pema Chödrön: *Beginne, wo du bist: Eine Anleitung zum mitfühlenden Leben*, Freiamt: Arbor 2001

Mahathera Henepola Gunaratana: *Die Praxis der Achtsamkeit*, Heidelberg: Kristkeiz 2000

Thich Nhat Hanh: *Im Hier und Jetzt zuhause sein*, Berlin: Theseus 2006

Thich Nhat Hanh: *Das Wunder der Achtsamkeit*, Berlin: Theseus 1997

Jack Kornfield: *Meditation für Anfänger*, Buch mit CD, München: Goldmann-Arkana 2005

Maren Schneider: *Der Weg der Achtsamkeit: Bewusstheit und Meditation im täglichen Leben*, Buch mit CD, München: Knaur 2009

Jon Kabat-Zinn: *Gesund durch Meditation*, Frankfurt: Fischer 2006

Sybille Engels und Jan Eßwein: *Meditation für Neugierige und Ungeduldige*, München: Gräfe und Unzer 2008

Marie Mannschatz: *Buddhas Anleitung zum Glücklichsein: Fünf Weisheiten, die Ihren Alltag verändern*, München: Gräfe und Unzer 2007

Buddhismus:

Fred von Allmen: *Buddhismus*, Berlin: Theseus 2007

Thich Nhat Hanh: *Wie Siddharta zum Buddha wurde*, Berlin: dtv 2004

Dzongsar Jamyang Khyentse: *Weshalb Sie kein Buddhist sind*, Oberstdorf: Windpferd 2008

Paul H. Köppler: *So spricht Buddha. Die schönsten und wichtigsten Lehrreden des Erwachten*, Frankfurt a. M.: O. W. Barth 2004

Dzigar Kongtrül: *Dein Leben liegt in deiner Hand: Die Praxis der Selbst-Erkenntnis auf dem buddhistischen Weg*, Freiamt: Arbor 2006

Gendün Rinpoche: *Herzensunterweisungen eines Mahamudra-Meisters*, Berlin: Theseus 2008

Irmentraud Schlaffer: *Buddhismus für den Alltag: Mit entspannter Aufmerksamkeit durch den Tag*, Berlin: Knaur 2007

Stress und Burnout:

Sabine Asgodom: *Balancing. Das ideale Gleichgewicht zwischen Beruf und Privatleben*, Berlin: Ullstein 2005

Dagmar Ruhwandl: *Erfolgreich ohne auszubrennen: Das Burnout-Buch für Frauen*, Stuttgart: Klett-Cotta 2007

Sabine Schonert-Hirz: *Energy. Alles wollen, alles können, alles schaffen*, München: Gräfe & Unzer 2002

Sabine Schonert-Hirz: *Meine Stressbalance. Rezepte für Vielbeschäftigte von Dr. Stress*, München: Campus 2006

Jörg-Peter Schröder: *Wege aus dem Burnout: Möglichkeiten der nachhaltigen Veränderung*, Berlin: Cornelsen 2008

Hans-Peter Unger, Carola Kleinschmidt: *Bevor der Job krank macht: Wie uns die heutige Arbeitswelt in die seelische Erschöpfung treibt – und was man dagegen tun kann*, München: Kösel 2009

Angelika Wagner-Link: *Verhaltenstraining zur Stressbewältigung. Arbeitsbuch für Therapeuten und Trainer*, Stuttgart: Klett-Cotta 2005

Forschung:

T. Heidenreich, J. Michalak (Hrsg.): *Achtsamkeit und Akzeptanz in der Psychotherapie*, Tübingen: DGVT 2004

Matthieu Ricard: *Hirnforschung und Meditation: Ein Dialog*, Frankfurt a. M.: Suhrkamp 2008

Anderssen-Reuster (Hrsg.): *Achtsamkeit in Psychotherapie und Psychosomatik*, Stuttgart: Schattauer 2007

Daniel Siegel: *Das achtsame Gehirn*, Freiamt: Arbor 2007

Studien:

T. Heidenreich und J. Michalak (a) Goethe Universität Frankfurt und (b) Ruhr-Universität Bochum: *Achtsamkeit (»Mindfulness«) als Therapieprinzip in Verhaltenstherapie und Verhaltensmedizin* (in Verhaltenstherapie 2003; 13:264-274)

Dipl.-Psych. Marcus Majumdar, Priv.-Doz. Dr. Dr. Phil. Harald Walach: *Achtsamkeitsmeditation und Gesundheit. Eine explorative Panelstudie*; KVC Verlag Essen 2000, ISBN 3-933351-14-6. Kurzfassung erschien im *Continentale Förderpreis für Naturheilkunde, Band 5*

Studien u. a. zur Wirkung von MBSR bei Patienten mit chronischen Schmerzen, Psoriasis, Behandlung von Angstneurosen siehe: www.umassmed.edu

Studie der Universität von Wisconsin (Febr. 2003): *Sustained Changes In Brain And Immune Function After Meditation*; www.sciencedaily.com

Maren Schneider

Der Weg der Achtsamkeit

Bewusstheit und Meditation
im täglichen Leben

Maren Schneider gibt in diesem Grundlagenbuch eine fundierte, alltagsbezogene Einführung in die Praxis der Achtsamkeit und der Meditation.
Achtsamkeitsübungen fördern die Konzentrationsfähigkeit und verhelfen zu größerer innerer Ruhe und Gelassenheit. Sie reduzieren Stress und ermöglichen ein tieferes Verständnis für das eigene Verhalten.

Mit Begleit-CD und vielen meditativen Übungen zur Umsetzung im Alltag.